hänssler

Elektrische Fische und fleischfressende Pflanzen

Erich Hitzbleck

Gottes kleine Geheimnisse

CIP-Kurztitelaufnahme der Deutschen Bibliothek

Hitzbleck, Erich:
Elektrische Fische und fleischfressende
Pflanzen: Gottes kleine Geheimnisse /
Erich Hitzbleck. – 2. Aufl. – Neuhausen-Stuttgart:
Hänssler, 1987.
(Telos-Bücher: 2164: Telos-Präsente)
ISBN 3-7751-1196-4
NE: GT

2. Auflage 1989
TELOS-Bücher
TELOS-Präsente 2164
Bestell-Nr. 72 164

Titelbilder: Okapia, Frankfurt (Zitterwels, Kolibri);
Klaus Paysan, Stuttgart (Venusfliegenfalle, Feuervögelchen)
Umschlaggestaltung: Daniel Dolmetsch
Printed in West-Germany

Meinen acht Enkelkindern
in herzlicher Liebe
gewidmet

Inhalt

Woher kommt das alles?

Wenn dir jemand erzählt, die ganze Welt sei nicht von Gott erschaffen, sondern ganz von selbst entstanden, würdest du das sofort glauben? Ich könnte das nicht. Weißt du warum? Weil weder ich noch sonst irgendein Mensch beobachtet hat, daß in unserer Welt jemals irgend etwas aus nichts und von selbst entstanden ist.

Es entsteht zwar sehr viel Neues, das vorher nicht da war auf der Erde: Pflanzen, Tiere, Menschen. Aber sie entstehen alle nicht aus nichts. Sie beginnen ihr Leben mit einem Samen oder einer Eizelle, die dann scheinbar von selbst heranwachsen, um in ihrem Leben wieder Samen oder Eizellen für neue Lebewesen heranzubilden.

Aber als noch gar nichts da war, keine Pflanzen, Tiere und Menschen – die ganze Welt erschaffen konnte nur der allmächtige Gott. Das kannst du an allem, was er erschaffen hat, erkennen. Ich will dir an einem ganz einfachen Beispiel zeigen, daß jedes Ding einen Schöpfer braucht:

Abb. 1:
Max und Moritz, wie sie Wilhelm Busch gezeichnet hat.

Woher weißt du zum Beispiel, daß es den bekannten Dichter und Zeichner Wilhelm Busch gegeben hat, der die lustigen Streiche von Max und Moritz erzählt und gezeichnet hat? Daher, weil du von ihm gehört hast oder seine Bilder und Verse angeguckt hast. Daß Wilhelm Busch gelebt hat und der Schöpfer dieser Verse und Zeichnungen ist, kann selbst der gelehrteste Professor nicht bestreiten. An Wilhelm Busch und das, was er geschaffen hat, zu glauben, macht dir keine Probleme.

So ist es auch mit Gott.

Ich möchte dir in den nächsten Kapiteln einiges über die vielen Besonderheiten und Wunder in der Natur, der Schöpfung Gottes, erzählen. Hinterher kannst du selber entscheiden, ob du glauben möchtest, daß all dies von selbst entstanden ist, oder ob du dahinter das Werk eines großen und allmächtigen Schöpfer-Gottes sehen kannst.

Warum ist das Ei nicht rund?

Ein besonders deutliches Beispiel dafür, wie wenig wir die Wunder der Schöpfung in unserem Alltagsleben beachten, ist das *Hühnerei* sonntags auf dem Frühstückstisch. Wenn du es nämlich nicht nur als wohlschmeckendes Nahrungsmittel betrachtest, sondern seinen Bau im Hinblick auf den Zweck, den es in der Natur erfüllen soll, kennenlernst, wirst du staunen.

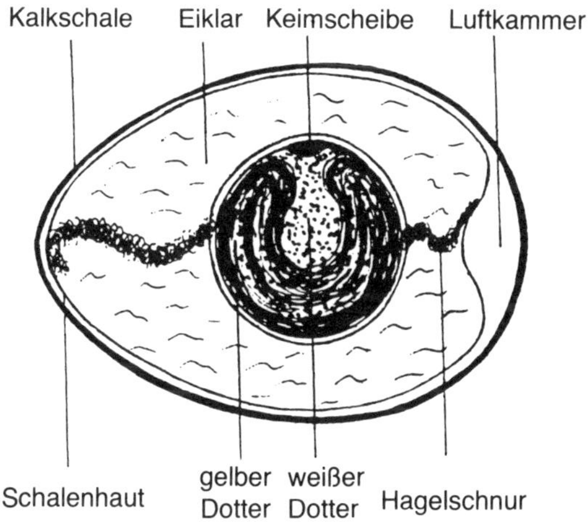

Abb. 2:
Innerer Bau des Hühnereis.

Da ist zunächst die harte, äußere *Schale*. Sie besteht in der Hauptsache aus Kalk und hat die Aufgabe, den wertvollen Inhalt schützend zusammenzuhalten. Damit dieser Inhalt aber nicht sofort ausläuft, wenn die zerbrechliche Schale einen Riß bekommt, ist das Ganze innen noch einmal mit einer elastischen, dünnen weißen Haut umgeben.

Wie du sicher weißt, besteht der Inhalt des Hühnereis aus dem klaren *Eiweiß* und dem kugelförmigen gelben *Dotter*. Aber das Wichtigste von allem ist ein kleines unscheinbares Fleckchen oben auf dem Dotter. Das ist der eigentliche Keim für das beim Bebrüten entstehende Küken. Man nennt es deshalb die *Keimscheibe*. Du kannst sie auf der Abbildung leicht finden. Alles andere ist Beigabe, Nahrung für den wachsenden Keim.

Wenn deine Mutter beim Kuchenbacken ein Ei aufschlägt, dann siehst du darin auch noch etwas, das wie verdicktes, trübes Eiweiß aussieht. Das sind sie sogenannten *Hagelschnüre*, deren genaue Lage du ebenfalls in der Abbildung erkennst. Sie haben die Aufgabe, den Dotter leicht drehbar stets in der Mitte des Eiweißes zu halten. Dabei ist das Gewicht des Dotters so verteilt, daß er sich mit der Keimscheibe immer nach oben dreht. Das ist besonders wichtig. Denn um den Keim während des Brütens ab und zu mit frischem Eiweiß in Berührung zu bringen, wird das Ei vom Huhn instinktiv von Zeit zu Zeit gewendet. Dabei bleibt dann der Keimling immer oben, also so nahe wie möglich an der darauf sitzenden, wärmenden Glucke.

Doch noch etwas fällt dir auf, wenn du die Abbildung genau betrachtest. Nämlich daß die erwähnte elastische Innenhaut an der stumpfen Seite des Eis nicht ganz an der Außenschale anliegt. Haut und Schale bilden hier einen kleinen luftgefüllten Zwischenraum. Das ist die *Luftkammer*, die die erste Portion Atemluft für das Küken kurz vor seinem Ausschlüpfen enthält.

»Wie kommt das fertige kleine Huhn überhaupt aus der harten Schale heraus?« fragst du mich jetzt vielleicht. Auch darüber hat sich der Schöpfer Gedanken gemacht. Dabei ist er auf den Gedanken gekommen, dem schwachen kleinen Küken einfach eine Art »Büchsenöffner« mit in die Wiege zu geben. Er läßt nämlich jedem Küken oben auf seinem Schnabel ein kleines zahnartiges, glashartes Höckerchen wachsen. Man nennt es den *Eizahn*. Dieser hat nur den einen Zweck, daß das Küken damit die Eischale von innen aufritzen kann. Deshalb fällt dieses Zähnchen auch kurz nach dem Ausschlüpfen ab.

Auch die äußere Form der Vogeleier erfüllt eine ganz wichtige Funktion und ist deshalb ganz bestimmt nicht rein zufällig so geworden. Die Eischale muß sowohl stabil, als auch von dem Küken von innen leicht aufzuritzen sein. Physikalisch gesehen ist die stabilste Form die Kugel. Warum sind Vogeleier aber dann nicht ganz rund, sondern länglich?

Ein Blick auf die Abbildung hilft dir dabei. Der Dotter kann nur dann mit der Keimscheibe nach oben in der Schwebe gehalten werden, wenn sich das Ei beim Rollen nur um die Aufhängepunkte der Hagelschnüre drehen kann.

Nun haben die Vogeleier aber nicht nur eine länglich-runde Form, sondern sind auch meist an einer Seite spitzer als an der anderen. Ist das etwa auch von Bedeutung? Du wirst staunen, das hat sogar einen äußerst wichtigen Grund.

Ein gleichmäßig längliches Ei würde sich zwar beim Rollen vorschriftsmäßig um die Aufhängepunkte der Hagelschnüre drehen. Aber auf einer flachen Unterlage würde es in gerader Richtung davonrollen. Stell dir einmal vor, jetzt würden die Eier alle in verschiedene Richtungen davonrollen – der arme Vogel könnte sein Gelege überhaupt nicht mehr zusammenhalten. Davor schützt ihn die einseitige Zuspitzung der Eier. Probier es einmal aus: du kannst ein Ei nur im Kreis rollen. Oder schaffst du es, es geradeaus zu rollen? Merkst du an all diesen Beispielen, daß das Hühnerei ein kleines Wunderwerk ist? Wer will da noch behaupten, daß so etwas großartig Zweckmäßiges ganz von selbst entstanden sein soll?!

Die ersten Kleinflugzeuge

Ist es nicht erstaunlich, wie verhältnismäßig spät der Mensch erst richtiges, gesteuertes Fliegen gelernt hat, wo er doch die *Vögel* als Kleinflugzeuge von Anfang an vor Augen hatte? Bedenke nur, der erste gelenkte Motorflug fand erst im Jahr 1903 statt. Warum eigentlich nicht schon viel früher?

Den Flugzeugbauern fehlte das Material für eine entsprechend leichte und doch stabile Bauweise der Flugkörper. Vor allem waren die erforderlichen Motoren noch viel zu unförmig und schwer.

Erst als durch viele neue Erfindungen schließlich diese Hindernisse beseitigt waren, ist die Entwicklung der Fliegerei mit atemberaubendem Tempo vorwärts gegangen. Du weißt selbst, daß das Fliegen längst nichts Außergewöhnliches mehr ist.

Sehen wir uns einmal die Konstruktion dieser Kleinflugzeuge etwas näher an (s. Abbildung 3 und 4).

Ähnlich wie unsere Flugzeugbauer hat Gott den Vogelkörper mit möglichst wenig Material aus den denkbar leichtesten Stoffen gebaut. Es sind nämlich nicht die Flügel allein, durch die sich die Vögel so spielerisch in den Lüften tummeln. Im ganzen Vogelkörper gibt es nichts, was nicht anders gestaltet wäre als bei den Landwirbeltieren, damit das Tier fliegen kann.

Das *Knochengerüst* der Vögel ist so gebaut, daß es den Körper starr macht. Dabei sind die Knochen nicht wie bei den Landtieren mit schwerem Mark gefüllt, sondern hohl. Gott hat also schon bei seinem Schaffen dünnwandige Leichtrohre für seinen »Flugzeugbau« verwendet, wie wir Menschen das heute auch tun.

Auch der *Schädel* der kleinen Flugzeuge ist so leicht und zierlich gebaut, daß er leichter ist als die Augäpfel, die in ihm stecken.

Im Körper des Vogels gibt es kaum ein Organ, das nicht im Zusammenhang mit dem Flugvermögen anders gestaltet wäre als bei den anderen Wirbeltieren.

Betrachten wir beispielsweise die *Lunge* der Vögel. Sie wird bei dem oft stundenlangen oder bei den Zugvögeln sogar tagelangen Flügelschlagen ungeheuer beansprucht. Wir kämen dabei schon in kürzester Zeit außer Puste. Bei den Vögeln ist das aber nicht im geringsten der Fall.

Abb. 3:
Möwe.

Zunächst sind ihre Flugmuskeln besonders stark und ausdauernd. Doch das allein genügt nicht. Die Lunge bekommt durch eine ganze Reihe von regelrechten Blasebälgen Unterstützung. Das sind mehr oder weniger große *Luftsäcke*, die die inneren Organe des Vogels umgeben und die alle mit der Lunge in Verbindung stehen. Das gleiche gilt auch für die Hohlräume der Knochen. Durch das fortwährende Zusammenziehen und wieder Ausdehnen der großen Flugmuskeln werden diese Luftsäcke im gleichen Rhythmus zusammengedrückt und entspannt, so daß sie wie primitive Luftpumpen wirken. Es ist erstaunlich, wie hier eins ins andere wirkt. Die auf diese Weise ständig durch den ganzen Körper pulsierende Luft dient gleichzeitig den hochbeanspruchten Muskeln des Herzens und der Flügel als dringend notwendige Kühlung.

Sogar die *Verdauungsorgane* des Vogels sind auf das Fliegen zugeschnitten. Er hat nämlich einen außergewöhnlich kurzen Darm, dafür aber besonders scharfe Verdauungssäfte. Dadurch wird der Verdauungsprozeß stark abgekürzt. Das Tier soll nicht unnötig lange mit den nutzlosen Verdauungsrückständen belastet werden. Deshalb wirft es den Ballast stets möglichst schnell ab, was nicht selten im Flug geschieht. Für uns Menschen gibt das manchmal Anlaß zum Ärger. Nämlich dann, wenn wir durch einen solchen Abwurf bekleckert werden. Meistens hinterläßt der scharfe Kot Flecken in unseren Kleidern, die wegen der Verätzung der Stoffarben nicht mehr ganz zu entfernen sind.

Als Flieger kann sich der Vogel auch nicht leisten, seine Jungen auszutragen. Sein Körper würde durch die heranwachsenden Jungen zu sehr belastet. Aber der weise Schöpfer hatte auch für dieses Problem eine Patentlösung. Er erfand das *Vogelei*, durch das die Vogelmutter möglichst wenig beim Fliegen behindert wird. Sie legt die Eier schnell hintereinander, durchschnittlich in Abständen von nur 24 Stunden. Auf diese Weise hat sie das Gelege schnell beieinander, das sie dann auf einmal ausbrüten kann. Dadurch ist sie in der Lage, gleich mehreren Jungen das Leben zu schenken.

Der *Vogelrumpf* ist wie ein Boot stromlinienförmig, damit der Flugwind leicht an ihm vorbeistreichen kann. Aus dem gleichen Grund hat der Schöpfer bei den Vögeln auch die Ohrmuscheln weggelassen und dafür nur zwei Löcher an ihren Köpfen angelegt.

Die *Vogelbeine* sind äußerst dünn und leicht. Sie bestehen praktisch nur aus Knochen und Sehnen, die mit einer Hornschicht überzogen sind. Sie sitzen sehr nahe am Körper und können im Flug wie ein einziehbares Fahrgestell so nahe an den Körper herangezogen werden, daß sie im Gefieder verschwinden.

Die Beine sind ganz locker im Gelenk und federn, als wären sie aus Stahl, wodurch sich der Vogel beim Start vom Boden abstoßen und hochschnellen kann. Ähnlich ist es auch beim Landen. Dabei streckt er beim Anflug die Beine weit vor und setzt sie dann abgewinkelt auf. Es ist dabei ganz gleich, ob der Vogel im schnellsten Sturzflug auf den Boden niedergeht, ob er sich senkrecht aus der Luft auf eine eng begrenzte Stelle fallen läßt oder sich auf einen dünnen Ast in einer Baumkrone oder im dichten Gebüsch niederläßt. Noch nie haben wir einen Vogel bei einer Bruchlandung beobachtet.

Ist es nicht zum Staunen, wie ein kleiner Vogel oft stundenlang auf einem wippenden Ast oder einem dünnen Telefondraht sitzen kann, ohne nach vorn oder hinten herunterzukippen? Das liegt an einem interessanten Kunstkniff ihres Schöpfers. Wenn sich der Vogel nämlich niederhockt, krümmen sich seine Zehen automatisch so zusammen, daß sie den Zweig fest umklammern. Diese Umklammerung löst sich erst wieder, wenn sich der Körper aufrichtet.

Wie die Flügel funktionieren

Hast du schon einmal darüber nachgedacht, warum die Vögel nicht wie die meisten Landwirbeltiere mit einem schönen, warmen Pelz bekleidet sind? Du wirst es dir sicher schon denken können, denn im letzten Kapitel hast du bereits gehört, daß die Körper der »Kleinflugzeuge« des Schöpfers besonders leicht gebaut sein müssen, um fliegen zu können. Das ist ja bekanntlich bei unseren Flugzeugen ebenso. Aus diesem Grund wäre für die Vögel ein Haarpelz viel zu schwer gewesen. Deshalb hat der Schöpfer eigens für sie das *Federkleid* erfunden, das tatsächlich ein sehr viel geringeres Gewicht hat als der zarteste Pelz.

Die Federn eignen sich aber nicht nur gut, den Vogelkörper vor schädlichen Witterungseinflüssen zu schützen, sondern sie lassen sich auch sehr zweckdienlich für die Bildung der Flügel als Tragflächen und des Schwanzes als Steuerruder verwenden.

Weißt du, wie viele einzelne Federn die Vögel haben? Das ist unterschiedlich, bei den Möwen sind es etwa 6000, bei den Enten rund 12000 und bei den Schwänen schließlich sogar rund 25000.

Du hast sicher draußen in der Natur schon einmal eine Vogelfeder gefunden und gemerkt, wie schön und vor allem, wie außergewöhnlich leicht sie ist. Wenn du sie einmal unter der Lupe betrachtest, wirst du über ihren feingegliederten Aufbau staunen. Forscher haben die Anzahl der winzigen Fäserchen, die du dann siehst, ermittelt. Dabei kommen sie bei einer Schwungfeder der Taube auf eine halbe Million. Vom Schaft gehen nämlich etwa 500 Hauptfasern aus und von jeder dieser Hauptfasern wieder rund 500 Nebenfasern. Diese liegen alle so dicht nebeneinander, daß die Feder eine glatte, wasserundurchlässige Fläche bildet. Dadurch wirkt das Federkleid der Vögel wie ein kleiner Regenmantel.

Auch der *Vogelflügel* ist wieder ein Wunderwerk unseres göttlichen Erfinders. Er besteht aus vielen Einzelfedern, die sich fächerförmig zu einer leicht gewölbten Tragfläche zusammenschließen. Dabei gibt der vordere Rand dem Ganzen als feste Kante den erforderlichen Halt.

Wenn die Flügel nach unten geschlagen werden, sind sie in der Lage, den leichten Vogelkörper in die Luft zu heben. Werden sie im Flug stillgehalten, können sie ihn lange tragen und bei Gegenwind sogar ebenfalls heben. Da die Flügel außerdem nicht nur genau nach oben und unten, sondern immer auch ein wenig nach hinten schwingen, treiben sie das Tier beim Fliegen stets nach vorn.

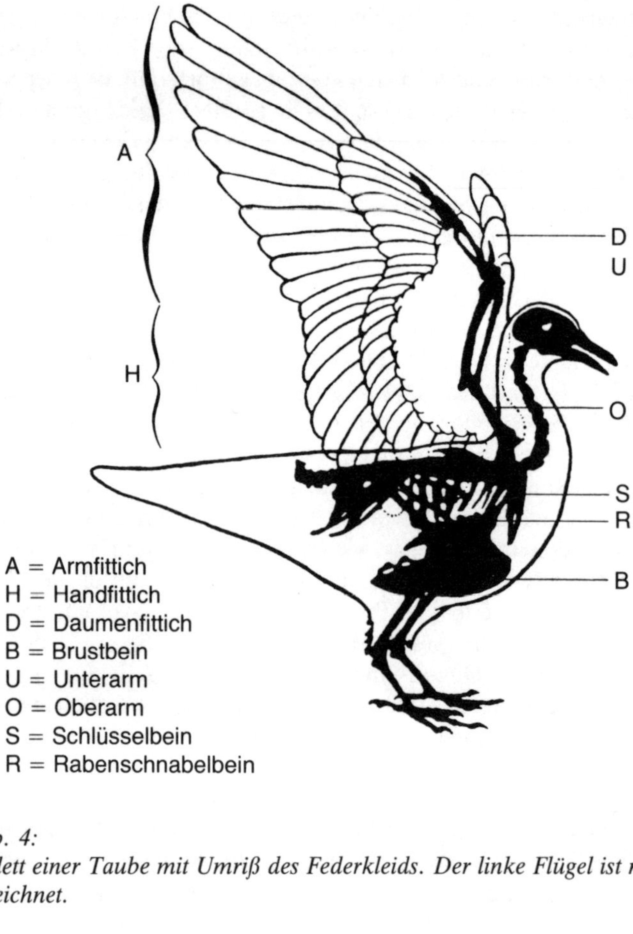

Abb. 4:
Skelett einer Taube mit Umriß des Federkleids. Der linke Flügel ist nicht gezeichnet.

Es ist klar, daß es für uns Menschen sehr wichtig ist zu wissen, daß unsere Verkehrsmaschinen in bezug auf ihre Flugsicherheit strengster Überwachung unterliegen. Bekanntlich werden sie sogar trotz sorgfältiger täglicher Kontrollen von Zeit zu Zeit generalüberholt. Beides hat der Schöpfer auch für seine fliegenden Geschöpfe angeordnet. Er hat dabei bedacht, daß seine natürlichen Kleinflugzeuge viel mehr als die Landtiere, die sich ja verkriechen können, den Witterungseinflüssen ausgesetzt sind. Das gilt ganz besonders für die weiten und strapaziösen Flugreisen der Zugvögel. Auch gerät den Vögeln bei ihren Kämpfen und ihrem Umherflattern im Gewirr von Ästen, Laub und Dornen das Gefieder nicht selten in große Unordnung.

Es war deshalb dringend notwendig, daß dem Vogel von seinem Schöpfer eine laufende Kosmetik angeboren wurde. Du hast sicher schon beobachtet, wie sorgfältig ein Vogel sein Gefieder pflegt, es pudert, reinigt, badet, kämmt, glättet und einfettet. Dabei sind oft Pfützen ihre Badewanne, Staubansammlungen am Weg ihre Puderdose und die Fettdrüse an ihrem hinteren Körperende ihre Cremetube.

Doch das alles reicht nicht für die Dauer eines Vogellebens. Deshalb hat der Schöpfer für seinen gesamten Flugpark eine jährliche Generalüberholung angeordnet. Jeder Vogel bekommt auf diese Weise in jedem Jahr einmal ein komplettes neues Federkleid.

Ein solcher Wechsel bedarf natürlich eines genau ausgetüftelten Plans. Denn die kleinen Flieger müssen ja während ihres Federwechsels flugtüchtig bleiben. Um dies wenigstens notdürftig zu gewährleisten, erstreckt sich die Prozedur über viele Wochen. Und damit der Vogel dabei nicht aus dem Gleichgewicht gerät, fallen die Federn stets gleichmäßig auf beiden Seiten des Körpers aus und wachsen ebenso nach.

Zu dem göttlichen Plan gehört auch der Umstand, daß die *Mauser* – so nennt man den Gefiederwechsel – immer erst nach der Aufzucht der Jungen erfolgt. Das ist erst im Spätsommer der Fall, also fällt sie in die Zeit, in der den Vögeln der Tisch reichlich gedeckt ist und sie ihr Futter leicht erreichen können. Aber dennoch ist der Wechsel ihrer Garderobe für die kleinen Tierchen eine ziemliche Anstrengung. Es ist deshalb kein Wunder, daß die Sänger unter ihnen in der Sommerzeit meist so schweigsam sind.

Der Bienenstaat und seine Einwohner

Was tust du, wenn sich plötzlich eine *Biene* in dein Zimmer verirrt? Hast du Angst, sie könnte dich stechen? Schlägst du sie deshalb tot?

Oder bist du nett zu ihr, weil du an den süßen Honig denkst, den sie für uns sammelt, und hilfst ihr, daß sie möglichst schnell wieder nach draußen kommt?

Außer daß wir ihren Honig genießen, gibt es noch einen anderen Grund, weshalb wir die Biene schätzen sollten: weil sie nämlich eine gute Eigenschaft hat, die wir uns zum Vorbild nehmen sollten.

Die kleine Sammlerin ist nämlich außerordentlich fleißig und dabei völlig selbstlos. Nur einen Bruchteil ihrer Zeit arbeitet sie für ihre eigenen Bedürfnisse, im übrigen jedoch plagt sie sich unermüdlich für die Gemeinschaft, in der sie lebt.

In dieser Gemeinschaft, die im Sommer zwischen 20000 und 70000 Mitglieder zählt, sind die Tierchen nicht alle gleich. Bei den weitaus meisten handelt es sich um sogenannte *Arbeitsbienen*. Das sind Weibchen, deren Eierstöcke aber verkümmert sind, und die deshalb keine Eier legen können. Das ist auch nicht ihre Aufgabe. Dafür ist allein die *Königin* zuständig. Sie ist etwas größer als die Arbeitsbienen, von denen sie gefüttert und liebevoll gepflegt wird. Obwohl sie Königin genannt wird, regiert sie ihr Volk nicht.

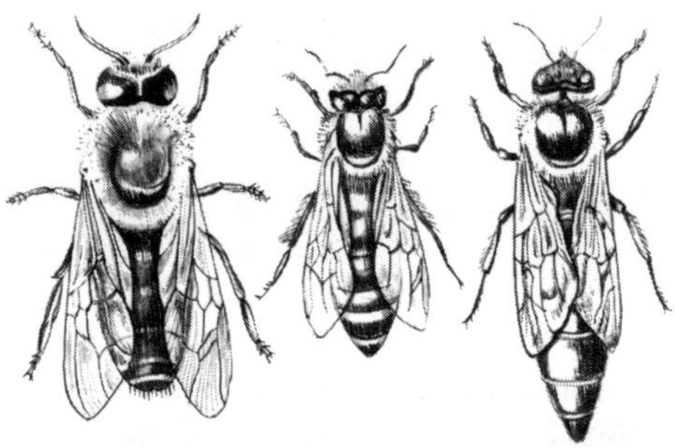

Abb. 5:
Honigbiene; von links nach rechts: Drohne, Arbeiterin, Königin.

Das besorgt ein Instinkt, der alle Nestinsassen unsichtbar beherrscht. Wie ich dir im nächsten Abschnitt zeigen werde, wird auch jedes einzelne Tierchen von inneren Instinkten geleitet. Diese, jedem Bienenvolk von seinem Schöpfer eingepflanzten unsichtbar wirkenden Instinkte sind der Grund für den Bestand und das wunderbar geordnete Zusammenleben so vieler Einzelwesen. Ein solches Volk ist praktisch ein in sich geschlossenes Ganzes, das wie ein aus vielen Einzelteilen zusammengesetzter Körper funktioniert.

Die Bienenkönigin ist ganz vom Eierlegen in Anspruch genommen. Sie allein hat für den Nachwuchs zu sorgen, und das ist eine sehr schwere und wichtige Aufgabe. Sie ist quasi die reinste Eierlegemaschine.

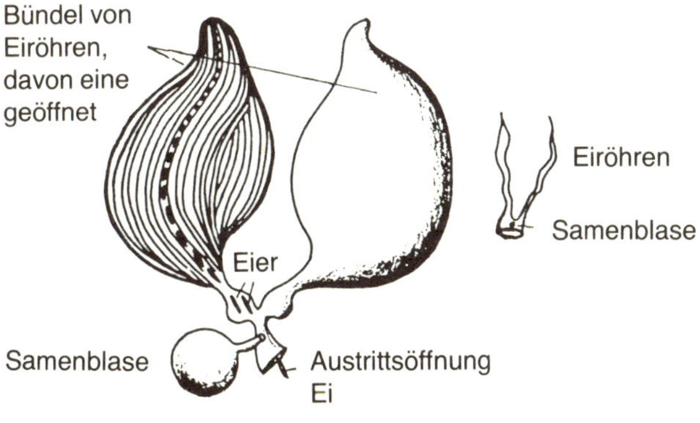

Abb. 6:
Eierstöcke der Bienenkönigin (links) und der Arbeitsbiene (rechts) bei etwa gleicher Vergrößerung.

Eine Bienenkönigin lebt vier bis fünf Jahre in ihrem Volk. Ihr Körper ist so eingerichtet, daß sie im Frühjahr, wenn das Volk nach den Winterverlusten stark vergrößert werden muß, bis zu 3000 Eier in 24 Stunden legen kann. Es ist ein Wunder der Schöpfung Gottes, wie ihr Körper das überhaupt schafft. Wollte ein Huhn das gleiche leisten, müßte es jeden Tag mindestens 20 Eier legen.

Wie du an der Abbildung 6 erkennst, bestehen die beiden *Eierstöcke* der Bienenkönigin aus einem Bündel von etwa 180 einzelnen Röhrchen, an deren hinterem Ende sich die Eier zuerst als Keim bilden. Während sie langsam nach vorn gleiten, wachsen sie, bis sie vorn reif sind. Es sind also ununterbrochen über 300 Eier im Werden, von denen alle 40 Sekunden eins den Körper verläßt.

Nun gibt es im Bienenvolk auch noch »Männer«, es sind die *Drohnen*. Obwohl ihre Zahl bis zu 1000 betragen kann, wird aber nur eine einzige zur Befruchtung der Königin gebraucht. Jede Bienenkönigin wird nämlich nur einmal in ihrem Leben von einer Drohne befruchtet. Dies geschieht während des Fluges in der Luft. Dabei nimmt sie eine so große Samenmenge in sich auf, daß sie für ihre gesamte Lebensarbeit ausreicht.

Die Samenflüssigkeit befindet sich in einer kleinen, mit den Eierstöcken durch eine verschließbare Röhre verbundenen Blase. Durch diese Einrichtung kann sie einem austretenden Ei eine winzige Samenmenge mitgeben – oder nicht. Sie kann also befruchtete und unbefruchtete Eier legen.

Das ist für das Bienenvolk von großer Bedeutung, weil nämlich aus unbefruchteten Eiern nur die männlichen Drohnen und aus befruchteten nur weibliche Arbeitsbienen entstehen.

Um Mitte Mai treibt die Bienen ein besonderer Instinkt zum sogenannten *Schwärmen*. Dazu verläßt die Königin plötzlich das Nest und fliegt mit fast der Hälfte der Nestinsassen davon. Kaum 100 Meter weit setzt sie sich dann mit dem ganzen Schwarm wie eine große Traube an irgendeinen Ast oder dünnen Baumstamm nieder.

Das ist für den Imker stets ein aufregendes Ereignis. Es ist nämlich nicht leicht, den Schwarm zu finden und dann zu erreichen. Wenn er ihn sieht, kommt er schnell mit einem Kasten und bürstet die jetzt nicht stechlustigen Tierchen vorsichtig hinein. Sie sind für ihn ein zusätzliches neues Volk.

In der Zwischenzeit sind in dem alten Nest die Larven einiger weniger Arbeitsbienen mit dem sogenannten königlichen Futter ernährt worden und wachsen dadurch zu Königinnen heran. Nachdem die erste ausgeschlüpft ist, sticht sie die anderen tot und übernimmt als Nachfolgerin der alten Königin das Nest.

So vermehren sich die Bienenvölker.

Wer regiert den Bienenstaat?

Alles, was die Tiere in der freien Natur zu ihrem eigenen Wohl oder zum Nutzen der Gemeinschaft, in der sie leben, tun, dazu werden sie auf geheimnisvolle Weise innerlich gedrängt. Dieser Drang ist ihnen angeboren. Sie brauchen ihr Können nicht von ihren Eltern zu erlernen, nicht zu üben oder auszuprobieren. Der Schöpfer hat es ihnen bei ihrer Erschaffung eingepflanzt. Diese inneren Triebe heißen *Instinkte*. Aber das ist nur ein Name für etwas, für das die Forscher trotz all ihres Suchens und Forschens bis heute noch keine befriedigende Erklärung gefunden haben. Es ist immer noch ein Geheimnis des göttlichen Erfinders.

Besonders eindrucksvoll sind die Instinkte der *Honigbiene*. Bei den Angehörigen der Bienenvölker sind sie sehr unterschiedlicher und vielfältiger Art. Sie dienen alle sowohl dem Wohl der einzelnen Tiere als auch dem der ganzen Gemeinschaft. Die Königin, die Drohnen und die Arbeitsbienen – jede hat dazu von ihrem Schöpfer ganz wichtige Aufgaben zugeteilt bekommen.

Welcher Art diese Aufgaben bei der Königin und den Drohnen sind, hast du schon im vorigen Kapitel erfahren. Aber bei der Arbeitsbiene sind sie so vielfältig und interessant, daß ich sie dir jetzt nur kurz andeuten und im ganzen nächsten Kapitel eingehend beschreiben will. Ihre Instinkte bestehen nämlich immer nur einige Tage lang. Sie drängen sie zu immer wieder anderen Arbeiten für ihr Volk. Hat eine Arbeitsbiene durch einen Instinkt eine Arbeit getan, bekommt sie automatisch einen neuen für eine andere. Dabei haben diese Instinkte immer die gleiche, für das Bienenvolk zweckmäßigste Reihenfolge und Dauer. Das ist im ganzen Tierreich eine erstaunliche Besonderheit.

Aber noch erstaunlicher ist die Tatsache, daß bei dem Tier jedesmal eine körperliche Veränderung stattfindet. Sein Körper wird sozusagen für jede neue Tätigkeit umgewandelt. Du wirst staunen, wenn ich dir dies im nächsten Kapitel erkläre.

Nun weißt du ja schon, daß die Bienenkönigin ihr Volk nicht regiert, sondern nur die eine Aufgabe hat, durch Eierlegen ständig für Nachwuchs zu sorgen. Wäre sie nämlich seine Regentin, würde im Fall ihres plötzlichen Todes sofort alle Ordnung in ihrem Staat zusammenbrechen.

Tatsächlich ist es aber so, daß in einem solchen Fall alle Arbeiterinnen von einer Art höherem übergeordneten Instinkt ten Instinkt ergriffen werden. Durch diesen geraten sie in helle Aufregung. Trotzdem laufen sie dabei nicht etwa kopflos durcheinander, sondern tun schleunigst etwas erstaunlich Vernünftiges.

Sie wählen aus einer ihrer Waben eine *Brutzelle* aus, in der eine eben erst geschlüpfte Arbeiterinnenlarve liegt. Dann reißen sie alle angrenzenden anderen Zellen ein. Die darinliegenden Larven werden getötet. Der freigewordene Raum dient dazu, die eine, ausgewählte Zelle zu einer *Königinnenzelle* zu vergrößern. Die zur Prinzessin erhobene Arbeitsbiene in ihrer königlichen Wiege bekommt sogleich auch königliche Nahrung.

Auf diese Weise stellen also die nach außen hin führerlos erscheinenden Bienen nach nur 16tägiger Unterbrechung die Thronfolge in ihrem Staat sicher. Doch das ist noch nicht alles.

Die neue Königin muß auch noch erst befruchtet werden. Wie ist das aber möglich, wenn die Drohnenzeit schon vorbei ist? Auch in diesem Fall wissen sich die Bienen instinktiv zu helfen.

Die Arbeitsbienen sind bekanntlich weibliche Tiere und haben daher Eierstöcke. Da diese jedoch normalerweise nicht gebraucht werden, sind sie nicht voll ausgebildet. Es ist aber beobachtet worden, daß sie sich in Notfällen so weit entwickeln, um einige Eier hervorbringen zu können. Weil diese Eier nicht befruchtet sind, entschlüpfen ihnen nur Drohnen. Auf diese Weise ist also auch bei einem Ausfall der Königin die Aufzucht der erforderlichen Drohnen möglich.

Ist es nicht erstaunlich, daß der große Gott bei der Erschaffung dieser kleinen Tierchen sogar solche Notsituationen berücksichtigt hat? Er pflanzte ihnen dazu einen Instinkt ein, der erst in solchen seltenen Ausnahmefällen in Aktion tritt und die vielen Tausende von Einzelwesen so sinnvoll zusammenarbeiten läßt, daß ihr Gemeinwesen nicht zugrunde geht. – Haben wir nicht allen Grund, diesen wunderbaren Schöpfer zu lieben und zu ehren?! Für Menschen, die nicht an Gott glauben, werden die Wunder des Bienenstaates für immer ein Rätsel bleiben!

Aus dem Leben einer Biene

1. bis 3. Tag

Wenn die Arbeitsbiene frisch aus dem Ei geschlüpft ist, ist sie noch feucht und struppig. Deshalb bürstet sie als erstes ihren Pelz als erstes ihren Pelz und ordnet ihre Flügel. Dann aber fängt sie – ohne daß die Nestgenossinnen ihr etwas sagen oder zeigen – sogleich an, die Wabenzellen, aus denen junge Bienen wie sie selbst soeben ausgeschlüpft sind, gründlich zu säubern.

Das ist sehr wichtig, denn darauf achtet ihre Majestät die Königin sehr genau. Bevor sie nämlich ein Ei in eine Zelle legt, prüft sie, ob sie auch blitzsauber ist. Erst dann dreht sie sich um, steckt ihren Hinterleib hinein und heftet ein Ei auf den Zellenboden. Bei all dem bewegt sie sich sehr bedächtig, wodurch sie der Prozedur den Charakter einer feierlichen Handlung verleiht.

Neben dem *Zellenputzen* darf sich die junge Arbeitsbiene in den ersten drei Tagen noch oft ausruhen. Sie steht also fast unter einer Art »Jugendschutzgesetz«.

3. bis 5. Tag

Vom 3. bis zum 5. Tag betätigt sich das neue Geschöpf als *»Jugendfürsorgerin«*. Es holt aus den Vorratszellen Blütenstaub und Honig, vermischt beides zum sogenannten »Bienenbrot« und füttert damit die in den Brutzellen befindlichen älteren Larven. Von der gleichen Nahrung lebt die Biene zu dieser Zeit auch selbst.

6. bis 10 Tag

Doch dann schaltet ihr Instinkt plötzlich auf *»Säuglingspflege«* um. Die Arbeiterin wird zur Amme. Jetzt muß sie reichlich Blütenstaub fressen. Dadurch kommt sie in die Lage, mit Hilfe ihrer inzwischen voll ausgebildeten Futtersaftdrüsen – einer Art Speicheldrüsen – die sogenannte *»Bienenmilch«* zu produzieren.

Dieser vorverdaute Futtersaft dient den Bienenlarven in den ersten drei Tagen ihres Lebens als »Babynahrung«. Die Aufgabe der Junglarvenfütterung fällt der Arbeitsbiene von ihrem 6. bis zum 10. Lebenstag zu.

In der Zeit des höchsten Nachwuchsbedarfs wird auch die Königin mit dieser »Bienenmilch« gefüttert. Ja, mit ihrer Menge und Zusammensetzung steuern die Ammen sogar die Zahl der zu legenden Eier. Aber noch mehr. Ob aus einem befruchteten Bienenei eine gewöhnliche Arbeiterin oder eine Königin hervorgehen soll, bestimmen sie ebenfalls. Wie geht das vor sich?

Wird im Stock eine neue Königin gebraucht – wie etwa in dem Fall, daß das Volk groß genug ist, um sich zur Bildung eines neuen Volkes zu teilen –, dann stellen die Arbeiterinnen für das dazu bestimmte Ei eine wesentlich größere, sogenannte »Weiselzelle« her. Die aus diesem Ei dann geschlüpfte Larve füttern die Ammen in den ersten drei Tagen mit einer verbesserten »Bienenmilch«, dem *»königlichen Futtersaft«*. Die Stoffe, die darin enthalten sind, zusammen mit der größeren Futtermenge, sind die Ursache, daß aus der Arbeiterinnenlarve eine Königin entsteht.

10. bis 18. Tag

Um den 10. Lebenstag bilden sich die Futtersaftdrüsen der Arbeitsbiene zurück. Damit hört auch ihre Ammentätigkeit auf.

Von diesem Zeitpunkt bis zum 18. Lebenstag hat sie die Aufgabe, den heimkehrenden Sammlerinnen den mitgebrachten Blütenstaub und den Nektar abzunehmen, die hungrigen Bienen im Nest damit zu füttern und den Rest in die Vorratszellen der Waben zu verteilen.

Die *Vorratshaltung* erfordert eine Menge Arbeit. Der Nektar muß durch Umwandlung in der Honigblase und Verdunstung des zu viel enthaltenen Wassers erst zu Honig gemacht werden. Die Wasserverdunstung wird durch einen künstlichen Wind, den die Tierchen durch vereintes Flügelschlagen hervorrufen, beschleunigt.

Die von den Sammlerbienen abgeladenen Blütenstaubklümpchen werden von den Empfängerinnen in den Zellen festgestampft. Dadurch werden die Behälter voll ausgenutzt. Sobald sie gefüllt sind, wird ihr Inhalt zur Haltbarmachung mit einer dünnen Honigschicht abgedeckt.

In diesem Lebensabschnitt bekommt die Biene auch den Instinkt, am *Bau der Waben* mitzuhelfen. Denn erst jetzt sind ihre Wachsdrüsen voll ausgebildet. Das Baumaterial für die Waben stellt sie nämlich in ihrem Körper selbst her.

18. bis 20. Tag

Vom 18. bis zum 20. Lebenstag übernimmt die Arbeitsbiene instinktiv das Amt der *Nestwächterin*. Bei jedem Bienenstock wird der Eingang nämlich scharf bewacht. Erscheint eine Artgenossin aus einem fremden Stock am Flugloch, merken es die Türhüterinnen sogleich am andersartigen Geruch. Aber aufgepaßt: sie wird nur abgewiesen, wenn sie mit leerer Honigblase erscheint! Woran die Wächterinnen das merken, ist ein Rätsel. Führt die Besucherin jedoch Honig mit sich, hat sie freien Zutritt. Denn es kann sich bei ihr ja nicht um einen Honigräuber handeln. Auch die im Nest unschädlichen Drohnen dürfen jederzeit unbehelligt eintreten.

Eine solche Vorsicht ist deshalb besonders wichtig, weil die Bienen unter Honigdieben der verschiedensten Art oft schwer zu leiden haben. Es handelt sich dabei meist um Ameisen, Wespen, fremde Bienenarten und andere, die von den Wächterinnen sofort erkannt und vertrieben werden. Dabei müssen sie notfalls rücksichtslos von ihrer Waffe Gebrauch machen.

20. Lebenstag bis zum Tod

Vom 20. Tag ihres Lebens bis zu ihrem Tod, also etwa zwei Wochen lang, wird die Arbeitsbiene endlich vom *Sammeltrieb* beherrscht.

Daß ihr diese Aufgabe erst gegen Ende ihres Lebens zufällt, zeigt deutlich, daß dies unmöglich rein zufällig so ist. Dahinter steht kein blinder Zufall.

Die Biene ist nämlich durch starken Wind, plötzliche Regengüsse und insektenfressende Tiere außerhalb ihres Nestes besonderen Gefahren ausgesetzt. Würde sie ihr Leben als Sammlerin beginnen, dann stünde sie bei vorzeitigem Tod für alle übrigen Tätigkeiten im Stock nicht mehr zur Verfügung. Deshalb ist die beschriebene Reihenfolge der Instinkte so weise vorausschauend von ihrem Schöpfer festgelegt worden.

Architekten und Künstler

Was für den Vogel sein Nest und für manches andere Tier seine Höhle oder sein Erdloch, ist für die Honigbiene ihre *Wabe*. In sie werden von der Königin die Eier gelegt; in ihr versorgt und pflegt die Arbeitsbiene die Brut, und in ihr verwahren die Bienen ihre Nahrungsvorräte für futterarme Zeiten.

Die Bienen können die empfindlichen Waben natürlich nicht im Freien aufbewahren, denn Wind und Wetter würden sie schnell zerstören. Deshalb bauen ihre wild lebenden Arten sie in hohle Bäume oder andere Höhlen in der freien Natur.

Nun ist die kleine Honigsammlerin aber schon seit Jahrtausenden vom Menschen als Nutztier gehalten worden. Als Imker stellt er ihr entweder kuppelförmig geflochtene Strohkörbe oder Holzkästen für den Wabenbau zur Verfügung. In diese hängt er eine Anzahl von Holzrähmchen, in die die Bienen kunstgerecht ihre Waben hineinbauen.

Wie ich bereits im vorigen Kapitel angedeutet habe, hat der Schöpfer das kleine Insekt so geschaffen, daß es zu bestimmten Zeiten seines Lebens das für die Herstellung seiner Waben benötigte Rohmaterial in seinem Körper selbst herstellen kann. Das Bauen seiner Waben braucht es weder zu lernen noch zu üben, sondern nach dem weisen Plan des göttlichen Erfinders arbeiten hier Körper und Instinkt Hand in Hand. Ich will dir jetzt zunächst erklären, wo das *Wachs* im Bienenkörper gebildet wird, und dann, wie es von der Biene verarbeitet wird.

Anstatt eines inneren Knochengerüsts, wie wir Menschen es haben, ist der Körper vieler Insekten von einem Panzer aus einer hornähnlichen Masse, dem *Chitin*, umgeben. Der Panzer besteht aber nicht aus einem Stück, sondern wie eine Ritterrüstung aus einzelnen Teilen, die gegeneinander beweglich sind.

Einen solchen Panzer besitzt auch die Biene. An ihrem Hinterleib besteht er aus sechs Ringen, die wie Dachziegel ein wenig übereinander liegen. Hinter vier dieser Überlappungen befinden sich an der Bauchseite je zwei *Wachsdrüsen*. Der innere, überdeckte Teil einer solchen Panzerplatte ist porös, so daß das anfangs flüssige Wachs durch sie hindurchtreten kann. Es gelangt dadurch in den von den Ringen gebildeten Zwischenraum, die sogenannte Wachstasche. Dort erstarrt es zu einem winzigen Plättchen. Da acht Wachsdrüsen vorhanden sind, können immer acht Wachsplättchen gleichzeitig hergestellt werden. Sie sind so klein, daß 1250 von ihnen erst ein einziges Gramm Wachs ergeben.

Die Arbeitsbiene zieht die Wachsplättchen jeweils mit ihren Hinterbeinen aus den Taschen heraus und führt sie über die mittleren Beine zum Mund. Dort knetet sie das Material gut durch und klebt es in diesen winzigen Portionen zu den Waben zusammen.

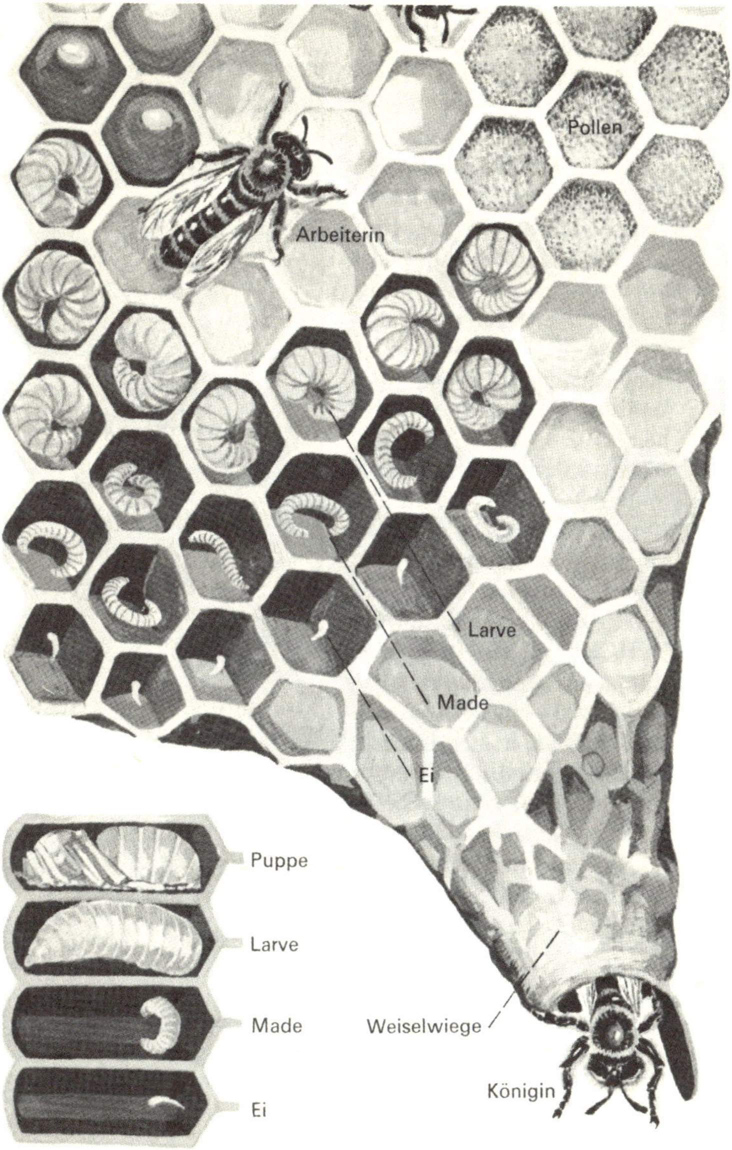

Abb. 7:
Teilstück einer Honigwabe, an die die Arbeiterinnen eine Zelle für die Aufzucht einer Königin, eine sogenannte Weiselzelle, angebaut haben. Aus ihr schlüpft soeben eine neugeborene Königin aus.

Jede Wabe besteht aus einer großen Zahl von einzelnen Zellen. Sie sind sechseckig, 5 Millimeter breit, 7 Millimeter tief und ein wenig nach hinten geneigt. Jede Bienenwabe ist doppelseitig. Ihre Zellen haben einen napfförmigen Boden und einen geraden Rand.

Im Wabenbau ist die Biene eine wahre Künstlerin. Form und Abmessung der einzelnen Zellen sind so gleichmäßig und zweckbestimmt, wie sie der beste Konstrukteur nicht idealer hätte entwerfen können. Wie das kleine Wesen es fertigbringt, im ständigen Dunkel seines Stockes die Maße immer so genau einzuhalten, haben die Naturforscher bisher noch nicht herausgefunden.

Die Abbildung 7 veranschaulicht dir vier verschiedene Entwicklungsstufen der Biene vor ihrer eigentlichen Geburt. Da ist oben zunächst das von der Bienenkönigin gelegte *Ei*. Dann kommt die daraus ausgeschlüpfte *Larve*. Diese wird von den Arbeitsbienen fleißig gefüttert, bis sie zu der in der dritten Zelle gezeigten Größe heranwächst. Bei dieser Größe wird dann die Zelle verschlossen. Dadurch hört die Fütterung auf, und die Larve verwandelt sich in eine *Puppe*, die du in der untersten Zelle findest. Die gesamte Entwicklung der Biene vom Ei bis zu ihrem Ausschlüpfen dauert 21 Tage.

Wegen der Brut muß die Temperatur im Inneren des Bienenstocks immer auf 35° Celsius gehalten werden. Dafür sorgen auch wieder die Arbeiterinnen. Wird es im Sommer einmal zu warm, dann treiben sie die warme Luft durch gemeinschaftliches Flügelschlagen wie kleine Ventilatoren nach draußen. Sinkt dagegen die Temperatur einmal ab, setzen sie sich dicht an dicht auf die Waben und wärmen sie durch ihre Körper.

Fleischfressende Pflanzen

Hast du schon gehört, daß es Pflanzen gibt, die neben ihrer normalen Nahrung auch Fleisch fressen? Normalerweise bezieht die Pflanze ja alle Nährstoffe durch ihre Wurzeln aus dem Boden und durch winzige Atemöffnungen an der Unterseite ihrer Blätter aus der Luft. Aber wenn sie auf einem stickstoffarmen Boden, wie etwa im Moor, leben muß, braucht sie zur Ergänzung ihres Stickstoffbedarfs eine Zusatznahrung. Diese besteht aus dem Fleisch von Insekten aller Art.

Abb. 8:
Sonnentau.

Nun wirst du mich mit Recht fragen, wie denn eine unbewegliche Pflanze in der Lage sein soll, lebendige bewegliche Insekten zu fangen.

Der Schöpfer hat dazu die verschiedenartigsten Möglichkeiten vorgegeben. Die einen besitzen klebrige Überzüge auf ihren Blättern oder leimartige tauähnliche Tröpfchen an Haaren oder Borsten, an denen die Insekten wie an Fliegenfängern kleben bleiben. Andere fangen ihre Opfer in Schläuchen, Bechern oder Trichtern, in die sie hineinfallen und aus denen sie nicht mehr herauskönnen.

Hat die Pflanze auf solche Weise ein Insekt gefangen, scheidet sie sogleich eine Art Verdauungssaft aus, der die Beute an Ort und Stelle zersetzt. Ohne Mund und Magen zu haben, kann die Pflanze ihre Beute direkt in sich aufnehmen und die für sie wichtigen Stoffe für ihr Wachstum verwenden.

Nun wollen wir uns einmal einige dieser seltsamen Pflanzen und ihre Insektenfangeinrichtungen genauer ansehen. Da ist zunächst der bekannte *Sonnentau* (siehe Abbildung 8).

Unterhalb einer oder mehrerer Blütenstände sind einige löffelförmige Blätter wie eine Rosette strahlenförmig angeordnet. Sie liegen flach auf dem Boden und sind am Rand und auf der Oberseite mit zarten roten Drüsenhaaren besetzt. Jedes dieser Haare trägt an seiner Spitze ein kristallklar glitzerndes Leimtröpfchen. Meint ein Insekt, es handle sich hier um Tautropfen und taucht seinen Rüssel hinein, bleibt es unweigerlich daran kleben.

Sobald die Pflanze das merkt, biegt sich das betreffende Drüsenhaar der Mitte zu. Alle anderen Haare tun das gleiche, drücken das gefangene Tier nach unten und ertränken es in den dabei zusammenfließenden Leimtröpfchen. Gleichzeitig wölben sich die Ränder des Blattes wie eine sich schließende hohle Hand nach innen. In wenigen Tagen wird das Opfer von dem Klebsaft, der praktischerweise zugleich Verdauungssaft ist, zersetzt und ausgesogen.

Ganz ähnlich macht es auch eine andere Pflanze dieser Art, die wegen ihrer Fangeinrichtung *Venusfliegenfalle* genannt wird. Das

Abb. 9 rechts:
Kannenpflanze.

ebenfalls dazu gehörende *Fettkraut* hat bloß klebrige Blätter, die sich sofort zusammenrollen, wenn ein Insekt auf ihnen kleben bleibt.

Noch bemerkenswerter ist die Fangmethode beim *Wasserschlauch*. Er wächst als Tauchpflanze in Moortümpeln. Seine bis zu 30 Zentimeter hohen Stengel halten die goldgelben Blüten über dem Wasserspiegel. Die Blätter sind dagegen untergetaucht und zu haarfeinen Zipfeln zerschlitzt, so daß sie wie ein Wurzelgeflecht aussehen. Zwischen diesen Fasern befinden sich zahlreiche grüne Bläschen. Jedes von diesen hat eine von steifen, schleimabsondernden Haaren umstandene Mundöffnung. Diese ist mit einem kleinen Deckel wasserdicht verschlossen.

In all diesen Bläschen herrscht dadurch ein Unterdruck, daß die Pflanze das in ihnen befindliche Wasser herausgesaugt hat. Berührt jetzt ein winziges Wassertierchen die Borsten, dann öffnet sich blitzartig der Deckel, und durch den entstandenen Sog wird das Tierchen in das Bläschen hineingesogen. Im Inneren werden sofort Verdauungssäfte ausgeschieden, die die Beute zersetzen, so daß die stickstoffhaltige Nahrung von der Pflanze aufgenommen werden kann.

Eine besonders raffinierte Fangeinrichtung hat die *Kannenpflanze* (s. Abbildung 9). Ihre an langen Stielen sitzenden Fanggeräte haben regelrecht die Form einer Kanne, deren Deckel zum freien Eintritt für fliegende und kriechende Insekten offensteht. Um sie zum Hereinkommen zu verführen, ist die Innenwand der Kannen unten mit Honigdrüsen besetzt. Und damit die Insekten bei jedem Fluchtversuch immer wieder nach unten rutschen, befinden sich oben Wachsdrüsen. Am Boden der Kanne befindet sich schließlich ein Tümpel mit der Verdauungsflüssigkeit, in der die Opfer am Ende landen und verdaut werden.

Es gibt etwa 500 verschiedene solcher Pflanzen, die mit Hilfe solcher und ähnlicher, meist sehr raffiniert arbeitender Vorrichtungen Insekten aller Art einfangen und verdauen.

Das größte Tier der Welt

Sicher hast du im Zoo oder im Zirkus schon einmal einen Elefanten bestaunt. Viele Leute denken, das sei sicher das größte Tier, das es auf der Erde gibt. Aber da irrt man sich gewaltig!

Ein Elefant wiegt zwar so viel wie drei bis vier große Personenautos, aber gegen das wirklich größte Tier ist er immer noch ein Zwerg. Er müßte nämlich schon mit einer Herde von 35 seiner Artgenossen in die Waagschale steigen, wenn er dieses Riesentier aufwiegen wollte.

Vielleicht weißt du schon, welches gewaltige Lebewesen ich meine. Es ist der Wal, und zwar denke ich an den größten seiner Art, den *Blauwal.* Er ist sogar das schwerste Tier aller Zeiten. Selbst die Dinosaurier in der Vorzeit – von denen du sicher auch schon gehört hast – können sich nicht mit ihm messen.

Walfänger haben einmal einen Blauwal gemessen und ausgewogen. Er war 33 Meter lang und 140000 Kilogramm schwer. Das ist das Gewicht von 2000 Menschen, wenn du für den einzelnen ein Durchschnittsgewicht von 70 Kilogramm annimmst. Allein sein Herz war so groß wie ein Pferd. Es wog 700 Kilogramm, so daß man es nur mit einem Lastwagen transportieren konnte. Seine Nieren waren jede von etwa gleicher Größe, und seine Leber hatte das Gewicht von 1000 Kilogramm.

Abb. 10:
Größenvergleich zwischen Blauwal, Brachiosaurus und Mensch.

Seine Pulsadern waren wie starke Wasserleitungsrohre, durch die 10000 Liter Blut gekreist hatten.

Da der Wal in allen Weltmeeren vom Nordpol bis zum Südpol beheimatet ist und sich deshalb viel in eisigen Gewässern aufhält, hat ihm der Schöpfer eine warme Körperbedeckung gegeben. Sie besteht aus einer bis zu 40 Zentimeter dicken Speckschicht unter der gesamten Haut. Diese ergab beim Wiegen allein ein Gewicht von sage und schreibe 26000 Kilogramm. Das war etwa halb so viel wie das gesamte Fleisch des Tieres.

Wale hat man schon in Meerestiefen bis zu 1000 Metern angetroffen. Das ist deshalb so erstaunlich, weil dort schon ein ungeheurer Wasserdruck herrscht. Wir Menschen können es ohne Hilfsgeräte kaum 50 Meter tief schaffen.

Das ausgewachsene Walungetüm hat eine unwahrscheinliche Kraft. Um einen Wal zu fangen, schießt man ihm eine Harpune in seinen gewaltigen Körper. Eine Harpune ist ein Spieß, an dessen Spitze sich ein Widerhaken (das ist ein nach rückwärts gerichteter Haken) befindet. Der Spieß, der sich dadurch nicht wieder aus dem Fleisch des Wales herausziehen läßt, ist an einem auf dem Fangschiff aufgewickelten starken Seil befestigt.

Ich weiß von einem Kapitän eines Walfangschiffes, daß ein harpunierter Wal einmal blitzschnell so tief getaucht ist, daß sich 900 Meter Seil abgerollt haben. Dann hat das Tier das große Schiff sieben Stunden lang mit 15 Kilometern Stundengeschwindigkeit vorwärtsgezogen, obwohl die starken Schiffsmaschinen auf Rückwärtsfahrt arbeiteten, also stark bremsten.

Bei der Geburt ist ein *Blauwal-Säugling* bereits sieben Meter lang und 2000 Kilogramm schwer. Er wird etwa ein halbes Jahr lang von seiner Mutter gesäugt. Das ist aber nicht so einfach wie bei Landtieren, weil nämlich auch die Wale nicht unter Wasser atmen können. Sie kommen zum Luftholen etwa alle fünf Minuten an die Oberfläche. Nur wenn sie in Not sind, halten sie es bis zu einer halben Stunde und länger aus.

Weil nun das Waljunge bei der Mutter auch unter Wasser trinken muß, darf das nicht lange dauern. Und wie dies vonstatten geht, zeigt wieder einmal, daß solche Lebewesen unmöglich von selbst entstanden sein können. Die Trinkvorrichtung für das Waljunge konnte nämlich nur von einem göttlichen Erfinder so sinnvoll geplant und geschaffen worden sein.

Da sich das Junge beim Saugen nicht an der Mutter festhalten kann, hat Gott um die Saugwarzen der Mutter taschenförmige

Gebilde wachsen lassen, die das Maul des trinkenden Jungen festhalten und gleichzeitig wasserdicht umschließen.

Und damit der ganze Vorgang nicht zu lange dauert, wird dem Kind außerdem die Milch von der Mutter mit Druck ins Maul gespritzt. Außerdem ist die Milch cremig konzentriert, damit das Junge nicht so viel Milch braucht. Sie enthält bis zu 40% Fett, das ist zehnmal mehr als bei der Kuhmilch. Bei dieser kräftigen Ernährung braucht es uns nicht zu wundern, daß das Jungtier jeden Tag rund 100 Kilogramm zunimmt.

So zeigt dir das größte aller Tiere auf der Erde zweierlei: Einmal läßt es dich ein wenig von der Größe, Weisheit und Allmacht dessen erahnen, der so gewaltige Lebewesen geschaffen hat. Vor allem aber, daß dieser über alles erhabene Schöpfer in unendlicher Liebe für seine Geschöpfe gesorgt hat, indem er bei ihrer Erschaffung nicht nur die besonderen Umweltbedingungen, sondern auch scheinbare Nebensächlichkeiten berücksichtigt hat.

Wenn ihm nun schon die Tiere so wichtig sind, wieviel mehr werden wir Menschen ihm am Herzen liegen! Und vor allem, wenn wir ihm für seine liebende Fürsorge danken! Wenn du ihn nicht vergißt und dich an ihn wendest, wird er dir jederzeit gern helfen, wenn du Kummer hast oder in Not bist.

Wasserkristalle

Das Wasser ist eine wunderbare Erfindung unseres großen Schöpfers. Er hat dem Wasser nämlich Eigenschaften verliehen, die wir normalerweise kaum beachten, über die wir aber staunen, wenn uns Naturforscher darauf aufmerksam machen.

Da ist zunächst eine Eigenschaft, durch die der Schöpfer in den gemäßigten Gebieten unserer Erde die Pflanzenwelt und viele Tiere schützt, damit sie in einem strengen Winter nicht erfrieren. Weißt du, wie er das macht?

Er verwandelt dazu riesige Mengen Wasser in *Schnee* und deckt mit ihm den Erdboden wie mit einer warmhaltenden Schlafdecke liebevoll zu. So wie du dich für die Nacht in eine weiche Wolldecke einhüllst, so sorgt auch die Schneedecke dafür, daß alles, was sich unter ihr befindet, nicht zu viel Wärme nach außen abgeben kann. Es können dann die eisigsten Stürme über sie hinwegbrausen, aber nach unten dringt ihre Kälte nicht durch. Obwohl der Schnee nichts anderes als gefrorenes Wasser, also Eis ist, ist er doch so fein und locker zusammengesetzt, daß er unzählige mit Luft gefüllte Zwischenräume enthält. Dabei sind es nicht die winzigen Eiskristalle, die die Wärme zurückhalten, sondern die eingelagerte Luft, weil sie ein sehr schlechter Wärmeleiter ist. Bei anderen warmhaltenden Stoffen, wie z. B. Wolle, Watte oder Schaumstoff ist es genauso.

Besonders praktisch ist dabei, daß die himmlische Schlafdecke vor dem Frühling nicht erst umständlich weggeräumt werden muß. Sie schmilzt still und unbemerkt dahin und gibt dabei der Pflanzenwelt die wichtige Feuchtigkeit.

Nun wirst du vielleicht fragen, woher der Schnee die wunderschöne weiße Farbe bekommt, wo Eis doch sonst durchsichtig ist. Sie ergibt sich aus den unzähligen spiegelglatten Flächen der winzigen Eiskristalle, in denen sich das Licht der Sonne spiegelt.

Obwohl die Natur im Winter wie erstorben aussieht, geht das Leben unter der Schneedecke doch weiter. Viele Tiere halten unter ihr in Erdhöhlen, unterirdischen Gängen oder an anderen geschützten Stellen ihren Winterschlaf. Andere bereiten sich als Puppen, Eier oder Larven auf den Neuanfang im Frühjahr vor. Auch die Pflanzen warten, indem sie ihren Lebensmotor quasi auf Leerlauf gestellt haben, auf den neuen Start.

Abb. 11:
Ein kleiner Ausschnitt aus dem faszinierenden Formenspiel der Schneekristalle.

Ist das nun die einzige Aufgabe, die der Schöpfer dem Schnee zugeteilt hat? Ich meine nicht. Denk doch nur an das Vergnügen, das er im Winter uns Menschen bereitet! Es ist ein Geschenk unseres liebenden himmlischen Vaters, der nicht will, daß wir in der kalten Jahreszeit nur in unseren warmen Stuben hocken sollen.

Um unser Schönheitsempfinden zu erfreuen, kleidet er alljährlich die sonst so kahle und eintönig graue Winterlandschaft in die Pracht einer glitzernden weißen Märchenwelt. Darüber hinaus schenkt er jung und alt das Vergnügen des Wintersports.

Und dann gibt es noch etwas Großartiges: Wenn wir nämlich einmal die einzelnen Kristalle einer Schneeflocke unter der Lupe oder unter einem Mikroskop betrachten, sind wir überrascht über ihre wunderbar regelmäßigen Formen. Zwei Dinge sind es, die uns bei Vergrößerung in Bewunderung versetzen: die regelmäßige Schönheit jedes einzelnen Kristalls und die unerschöpfliche Vielfalt ihrer Formgebung.

Trotz ihrer Verschiedenartigkeit sind alle Schneekristalle nach dem gleichen Bauprinzip, nämlich dem sechseckigen System, gestaltet. Beispiele dafür kennst du vielleicht schon von Spielen oder Weihnachtsschmuck.

Aber wirklich begeistert von dieser winzigen Welt des Schönen wirst du erst sein, wenn du einmal eine Vielzahl dieser sechseckigen Sternchen nebeneinander siehst. Einige Beispiele zeigt dir die Abbildung 11.

Wie du siehst, sind die sechs Arme dieser Sternchen mehr oder weniger verästelt. Sie können auch flächig ausgefüllt sein bis hin zur vollen sechseckigen Fläche.

Einige Forscher haben sich mit dieser bezaubernden kleinen Welt beschäftigt. Sie entwickelten ein Verfahren, die Form eines einzelnen Schneekristalls dauerhaft festzuhalten. Es besteht darin, daß man den Kristall mit einem Tropfen einer bestimmten Kunststofflösung betupft. Dieser hüllt sofort das ganze Gebilde gleichmäßig ein, so daß nach der Verdunstung der Lösung ein feiner Plastikfilm zurückbleibt. Da dieser Plastikfilm hauchdünn ist, kann das Schmelzwasser durch ihn verdunsten. Die so gewonnenen dauerhaften Abdrücke kann man sammeln und in ein Album kleben.

Ein Amerikaner namens Bentley hat mit 19 Jahren begonnen, Aufnahmen von den verschiedensten Schneekristallen zu machen und zu sammeln. Er hinterließ lange Reihen aufgestapelter Kästen voll fotografischer Platten, von denen jede das Bild eines dieser wunderbaren Schneegebilde zeigt. Später hat man davon Tausende ausgewählter Fotos in einem Buch veröffentlicht.

Eine der erstaunlichsten Feststellungen, die die Naturforscher bei ihren Studien gemacht haben, ist die, daß sie trotz eifrigen Suchens noch nie zwei völlig gleichgestaltete Schneekristalle gefunden haben.

So unermeßlich groß ist der Ideenreichtum unseres Schöpfers!

Fleißige Tiere

Wenn du in unseren Wäldern hin und wieder einen großen Haufen von Tannennadeln antriffst, weißt du, daß dieser nicht von Menschenhand zusammengetragen wurde, sondern von *Ameisen*. Wer aber glaubt, das sei ihr Nest, der irrt sich. Das richtige Ameisennest befindet sich nämlich bis zu 2 Meter und tiefer darunter in der Erde. Es besteht aus einem Gewirr von Gängen und Luftschächten sowie kleinen und großen Stuben, Kammern und Sälen.

Der *Nadelhaufen* dient dem Erdbau nur als Wärmespeicher und Regendach. Allerdings ist auch er von vielen Gängen und kleinen Räumen durchsetzt, wie die Abbildung zeigt. Aber diese haben für die Bewohner bei warmem und trockenem Wetter die gleiche Aufgabe wie bei uns die Balkone und die gegen die pralle Sonne schützenden überdachten Terrassen.

Die Abbildung 12 veranschaulicht dir im Schnitt, wie die Tiere den Nadelhaufen bei gutem, sonnigem Wetter benutzen. Sie haben ihre Eier, Puppen sowie kleinere und größere bereits geschlüpfte Larven fein säuberlich sortiert in die kleinen Kammern heraufgebracht. Bei Nacht und bei schlechtem Wetter werden sie aber nicht dort gelassen. Sie werden dann alle einzeln wieder nach unten in den Erdbau geschleppt.

Nun kann es aber sehr gut sein, daß der von dir entdeckte Nadelhaufen nicht der einzige in der betreffenden Gegend gewesen ist. Die Ameisen leben nämlich häufig in Großverbänden, die Hunderte von Einzelvölkern umfassen. In ausgedehnten Kiefernwäldern erstreckt sich ein solches Staatswesen über ein weites, oft mehrere Hektar großes Gebiet.

In der Mitte des Staatsgebietes befindet sich der Stammsitz, aus dem die umliegenden Völker hervorgegangen sind. Das Ganze sieht aus wie eine Miniaturlandschaft mit Städten und Dörfern, die durch zahlreiche belebte, über- und unterirdische Verkehrswege miteinander verbunden sind.

In den Sommermonaten herrscht in diesem ausgedehnten Reich eine unwahrscheinliche Betriebsamkeit. Da geht keiner gemächlich spazieren. Allerdings gibt es auch kein gehetztes Rennen und Jagen. Es ist zum Staunen, was da alles umhergeschleppt wird.

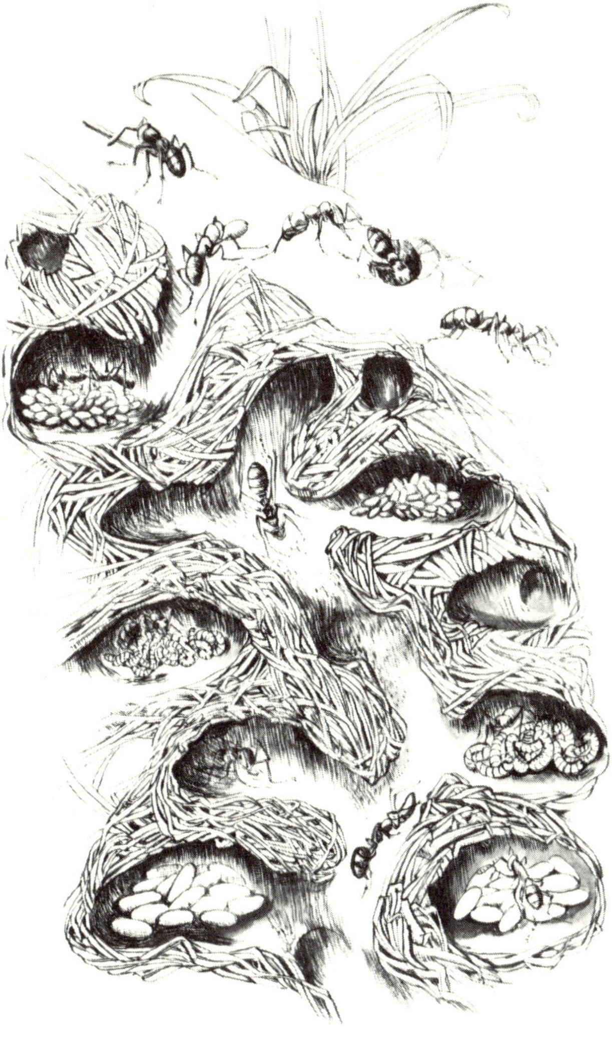

Abb. 12:
Schnitt durch einen über dem Erdbau unserer roten Waldameise befindlichen Tannennadelhaufen.

Und dabei scheinen die kleinen Träger unerhört stark zu sein. Da sieht man doch tatsächlich Ameisen, die ganz allein mehr als das Zehnfache ihres Eigengewichtes transportieren!

Bei näherer Beobachtung macht man aber eine noch erstaunlichere Entdeckung, nämlich, daß der ganze Verkehr ungewöhnlich friedlich und reibungslos vonstatten geht. Nirgends stellt man auch nur die geringste unfreundliche Handlungsweise fest. Im Gegenteil, immer wieder sieht man, wie einer dem anderen zu Hilfe eilt, wenn er irgendwie nicht zurechtkommt. Jedes Glied dieser bis zu vier Millionen zählenden Gemeinschaft ist bis zur Selbstaufopferung auf das Wohl der anderen bedacht. Ist das nicht für uns vernunftbegabte Menschen beschämend und erregt unseren Neid?

Aber das ist nicht das einzige. Die gesamte Bevölkerung dieses Mini-Staates verhält sich in jeder Beziehung wie von allerhöchster Vernunft geleitet. Gemeinsam sorgt man für ausreichenden und bequemen Wohnraum, für baulich gut angelegte Städte und Dörfer, für reichliche und gesunde Ernährung, für lebenstüchtigen Nachwuchs und für sicheren Schutz vor räuberischen Feinden.

Ihr großes Wärmebedürfnis ist den Ameisen beim Bau ihrer Nester der wichtigste Ratgeber. Forscher, die diese Insekten bis in alle Einzelheiten beobachtet haben, behaupten, sie seien neben dem Menschen die am zweckmäßigsten planenden Baumeister. Tatsächlich sind sie in der Lage, ihre Nestanlagen so genau den gegebenen Verhältnissen anzupassen, daß ihnen praktisch kein Sonnenstrahl verlorengeht. Man hat wirklich oft den Eindruck, die winzigen Geschöpfe hätten Verstand. Aber du weißt ja schon, daß all ihr Handeln von sogenannten Instinkten gesteuert wird, die ihnen der Schöpfer bei ihrer Erschaffung eingepflanzt hat. Daß Instinkte, nicht Verstand, am Werk sind, zeigt sich z. B. darin, daß sie immer das gleiche, nie etwas grundsätzlich anderes tun.

Im Ameisenstaat herrscht absolute Gleichheit aller Bürger. Egoistische Bestrebungen oder Sonderrechte einzelner sind völlig unbekannt. Die Arbeit ist stets genau der Leistungsfähigkeit des einzelnen angepaßt und so gleichmäßig unter alle verteilt, daß jeder genug zu tun hat. Dabei ist gleichzeitig für jedermanns Bedürfnisse ausreichend gesorgt.

Wie bei den Bienen gibt es auch in jedem Ameisenvolk eine Königin. Auch sie hat keine Regierungsgewalt über ihre Nestgenossen. Sie ist größer als alle anderen und hat nur die Aufgabe, Eier zu legen und damit für Nachwuchs zu sorgen.

Wenn also keiner da ist, der für die wunderbare Zusammenarbeit der Tierchen sorgt, dann kann auch das wieder nur ein ihnen allen innewohnender gemeinsamer Instinkt tun, der ihnen vom Schöpfer mit in die Wiege gelegt worden ist. Diesem großen Gott können wir deshalb für einen solchen schönen Beweis seiner Weisheit und Allmacht dankbar sein!

Tiere, die Brot backen

Wie Naturforscher berichten, soll es etwa 6000 verschiedene Ameisenarten auf unserer Erde geben, von denen die meisten in den Tropen leben. Ihre Ernährungsweise und die Art, wie sie zu ihrer Nahrung kommen, ist bei den einzelnen nicht nur grundverschieden, sondern manchmal sogar ziemlich verblüffend.

Ich will dir jetzt von einer Ameisenart erzählen, die ihre Nahrung auf eine Weise zubereitet, die wir ohne weiteres mit unserem Brotbacken vergleichen können.

Diese kleinen fleißigen Tiere beginnen mit ihrer Tätigkeit, kurz bevor die heiße, trockene Jahreszeit, in der sie weniger Nahrung finden, beginnt. Dann verlassen sie in langen Zügen ihren Bau, zerstreuen sich in der ganzen Umgebung und fangen eifrig an zu arbeiten. Trotz des scheinbaren Durcheinanders weiß jedes einzelne der vielen Tiere ganz genau, was es zu tun hat. Die eine

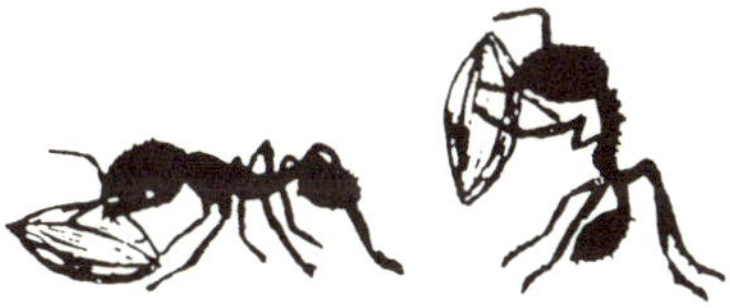

Abb. 13:
Ernteameisen beim Entfernen der harten Samenhüllen.

Abb. 14:
Sechsbeinige Bäckergesellen beim gemeinsamen Teigkneten.

Gruppe sammelt Samen ein, die bereits von den Pflanzen auf den Boden gefallen sind. Andere klettern an den Stengeln und Grashalmen hoch und lösen von den verwelkten Blüten und Ähren Teile, die Samen enthalten, ab. Diese werden in mehr oder weniger großen Stücken von wieder anderen, den »Schleppern«, ins Nest getragen.

Am Nesteingang wird jeder ankommende Lastträger von einer Wächterin kontrolliert. Man erkennt sich am Geruch, der für jedes Nest besonders ist. Auch das, was der »Transportarbeiter« bringt, wird auf seine Brauchbarkeit genau untersucht. Alles nicht Verwendbare muß sogleich auf die in der Nähe des Ameisenbaus angelegte »Schutthalde« gebracht werden.

Die Ernte wird von den Tieren zunächst in den obersten Kammern des Nestes verstaut. Das sind gewissermaßen ihre Scheunen. Aber noch während des Einbringens sind andere Arbeiterinnen schon fleißig beim »Dreschen«.

Mit ihren starken und scharfen Kieferzangen holen sie die Samenkörner aus den Ähren, Schoten, Samenkapseln und Doldenstücken heraus. Wieder andere entfernen die Schalen, Spelzen und harten Häute (s. Abbildung 13) und bringen die peinlichst gesäuberten Körner in Vorratsräume, die sich in einem tiefer gelegenen Stockwerk des Baus befinden. Alle bei dieser Reinigungsaktion entstehenden Abfälle werden sofort hinausgetragen und auf den erwähnten Schuttplatz gebracht.

Eine andere Gruppe hat die Aufgabe, die in den Vorratskammern gesammelten Körner weiterzuverarbeiten. Zuerst werden die Körner stundenlang zerkaut. Dabei nehmen zwei der Ameisen ein Korn zwischen sich und beißen gemeinsam von außen so lange an ihm herum, bis es zu einem Brei geworden ist (s. Abbildung 14).

Von diesem Brei verfüttern sie einen kleinen Teil sofort an die von ihnen zu betreuenden Larven. Die Hauptmenge aber formen sie zu etwa senfkorngroßen Bällchen, die sie auf eigens dazu angelegten Plätzen außerhalb ihres Baus zum Backen in die Sonne legen. Dadurch werden sie hart und knusprig wie Zwieback. Die fertigen Brote werden von den Ameisen wieder ins Nest zurückgebracht und dort als Nahrungsvorrat aufbewahrt.

Der Instinkt des Brotbackens hat außer zur Vorratshaltung noch einen tieferen Sinn. Zunächst wird dadurch verhindert, daß die Samenkörner bei längerem Lagern in den feuchten Erdhöhlen zu keimen beginnen. Wichtiger aber ist der Umstand, daß sich ihr Inhalt beim Zerkauen mit dem Speichel der Ameisen vermischt.

Der Speichel der Ameisen enthält nämlich einen Stoff, der die in dem Samen enthaltene Stärke in Zucker verwandelt. Es handelt sich also bei den Ameisenbroten um ein wertvolles und haltbares Nahrungsmittel.

Die Ameisen verarbeiten in ihrer »Bäckerei« etwa 30 bis 40 verschiedene Arten von Pflanzensamen. Eine kräftige, aus mehreren Völkern bestehende Ameisenkolonie soll an einem Tag gut 25000 Körner zusammentragen.

Tiere, die Pilze züchten

Im tropischen Amerika lebt die verhältnismäßig große *Blattschneider-Ameise*, die von den dortigen Pflanzern sehr gefürchtet ist. Sie wohnt in weitläufigen unterirdischen Bauten, die sie nur verläßt, um auf Bäume und Sträucher zu klettern. Dort schneidet sie mit ihren scharfen Kiefern kleine Stückchen aus den Blättern, die sie anschließend in ihr Nest trägt.

In langen Zügen marschieren die Tiere hinaus, verteilen sich in der ganzen Umgebung, und wenn sie in ihren Bau zurückkehren, trägt jedes sein Blattstückchen wie einen Schirm über dem Kopf.

Wenn ein solches Millionenheer Orangen-, Zitronen- oder andere Plantagen befällt, dann bleiben an den Bäumen meist nur noch die dickeren Blattrippen übrig. Forscher haben festgestellt, daß eine einzige dieser Ameisenkolonien an einem Tag etwa zweieinhalb Kilogramm Blätter fortschaffen. Man kann sich deshalb gut vorstellen, daß die kleinen Ameisen auf diese Weise schon ganze Plantagen zugrunde gerichtet haben.

Wenn du nun glaubst, die eingesammelten Blätter dienten den Ameisen als Nahrung, dann irrst du dich sehr. Aber wozu brauchen sie sonst diese riesigen Mengen Laub? Sie bereiten daraus einen geeigneten Nährboden, auf dem sie eine bestimmte Art von kleinen *Pilzen* züchten. Das machen sie folgendermaßen:

Die miteingebrachten Blattstückchen werden von den Arbeiterinnen weiter zerkleinert und schließlich zu einem Brei zerkaut. Diesen Blattbrei breiten sie in besonderen Kammern ihres Nestes aus und impfen ihn mit Keimen des Pilzes. Das Ganze düngen sie schließlich mit ihrem Speichel und Kot.

Die Beete werden von »Gärtnerinnen« betreut. Das sind besonders kleine Arbeiterinnen, die alles Unkraut auf den Beeten ausjäten. Auch wird die Bildung von Fruchtkörpern des Pilzes

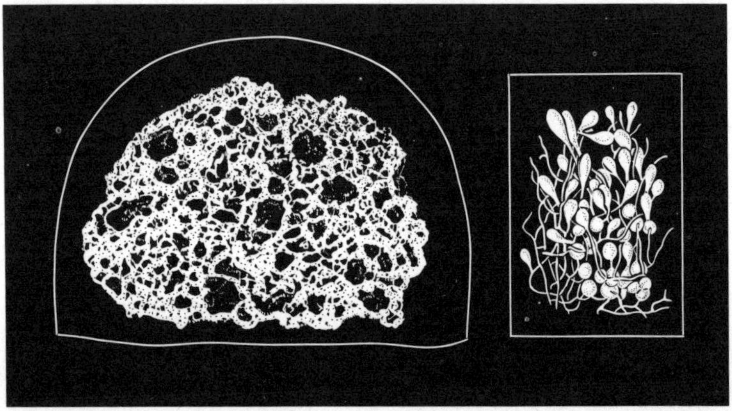

Abb. 15:
Links: Fertig gekauter Blätterbrei, auf dem die Pilzkulturen wachsen. Rechts: Pilzkultur mit den kohlrabiförmigen Anschwellungen, von denen sich die Blattschneiderameisen ernähren.

durch ständiges Beschneiden der Kulturen verhindert. Auf diese Weise erreichen die Ameisen, daß sich an den Pilzfäden kleine, *kohlrabiförmige Anschwellungen* bilden, die reich an Eiweiß sind (s. Abbildung 15). Sie dienen den Ameisen als Nahrung.

Die Pilzzucht der Blattschneider-Ameisen beruht auch auf einem Instinkt. Jede ihrer jungen Königinnen bringt bei der Gründung eines neuen Staates in einer eigens dafür vorhandenen Mundtasche ein Klümpchen Pilz mit. Das sind gewissermaßen Ableger, mit denen in dem neuen Volk auch die Pilzzucht betrieben werden kann.

Warum fällt das Känguruhkind nicht aus seinem Beutel?

Die eigentümlichste Tierwelt findest du auf dem kleinsten Erdteil, nämlich in Australien. Viele uns aus unserer Heimat bekannte und vertraute Tiere kommen dort als Beuteltiere vor. So gibt es dort den *Beutelwolf*, den *Beutelmarder*, den *Beuteldachs*, das *Beutelkaninchen*, die *Beutelratte*, die *Beutelmaus* und andere.

Wodurch unterscheiden sich Beuteltiere von unseren hiesigen Säugetieren? Der Unterschied liegt in der Art, wie sie ihre Jungen zur Welt bringen. Sie tragen diese nicht wie unsere Säugetiere im Bauch, bis sie lebensfähig sind, sondern die Jungen werden in einem noch sehr unfertigen Zustand geboren und dann in einen vorn am Bauch der Mutter befindlichen Fellbeutel aufgenommen. Dort entwickeln sie sich weiter bis zum lebensfähigen Jungtier.

Unter den vielen Beuteltieren Australiens gibt es ein sehr bekanntes, das du vielleicht schon einmal selbst gesehen hast. Es ist das *Känguruh*, das oft auch in unseren zoologischen Gärten gehalten wird.

Dieses interessante Tier kommt in seiner Heimat in verschiedenen Arten und Größen vor. Die kleinste Art ist nicht größer als ein Hase und das größte, das *Riesenkänguruh,* erreicht im ausgewachsenen Zustand etwa die Größe eines Menschen. Die Tiere im Zoo sind vielleicht so groß wie unsere Rehe.

Wenn wir einmal Rehe und Känguruhs miteinander vergleichen, erkennen wir, daß der Körperbau eines jeden von ihnen genau der Umwelt angepaßt ist, in der es zu Hause ist.

Unser Reh lebt in dichten Wäldern, wo es sich und sein Junges bei Gefahr leicht verstecken kann. Das Känguruh bewohnt dagegen die weiten Grasflächen und Steppen Australiens. Hier ist ein Verstecken nicht so leicht möglich. Wenn es verfolgt wird, muß es oft weite Strecken zurücklegen. Es bringt sich dabei nicht durch schnelles Laufen, sondern durch flache und weite Sprünge in Sicherheit. Es hat deshalb nur ganz kurze Vorderbeine, dabei aber gewaltig lange, starke Hinterbeine. Durch dieses Springen hat es den Vorteil, daß es stets eine aufrechte Haltung behält und dadurch seine weite Umgebung überschauen kann.

Wie sollte aber das Junge den pausenlosen, bis zu 10 Meter weiten Sprüngen der Mutter folgen können? Es wäre ja noch viel

zu klein, um mit der Mutter mithalten zu können. Mit Sicherheit würde es dem Verfolger schon bald zum Opfer fallen. Es muß aber, schon wegen seiner Ernährung, unbedingt bei der Mutter bleiben. Deshalb war es eine glänzende Idee des Schöpfers, der Känguruhmutter das Kind einfach in einen *Beutel* zu stecken.

Dieser Beutel befindet sich an einer sehr geschützten Stelle, nämlich vorn am Bauch des weiblichen Tieres. Aber er läßt sich weder durch einen Knopf, noch durch einen Reißverschluß verschließen. Da muß man ja fast befürchten, daß das unbeholfene Kleine bei den Sprüngen der Mutter aus dem Beutel herausgeschleudert werden könnte! Doch auch das hat der Allmächtige bedacht und sehr geschickt zu verhindern gewußt. Um dir dies zu erklären, muß ich ein wenig ausholen.

Das Känguruhjunge wird schon nach 39 Tagen geboren. Es ist kaum 3 Zentimeter groß und wiegt nur annähernd 3 Gramm. Du kannst dir denken, daß es dann noch sehr unentwickelt ist. Sein kleiner Körper ist weich und durchscheinend. Die Ohren, die Nasenlöcher und die Hinterbeine sind nur angedeutet. Am besten ausgebildet sind dagegen die Vorderbeine und das kleine Maul, und das hat beides eine wichtige Bedeutung.

Bei der Geburt nimmt die Mutter eine Stellung ein, die etwa der eines Menschen entspricht, der zwischen Po und Rücken halb sitzt, halb liegt. Während das Junge bei der Geburt aus der unteren Öffnung herauskommt, leckt die Mutter ihm eine feuchte Spur zu ihrer Bauchtasche hin. Jetzt kommen dem Kleinen die schon einigermaßen gut ausgebildeten Vorderbeinchen zugute. Damit krabbelt es nämlich der feuchten Spur nach, auf der die Haare des mütterlichen Fells gut anliegen und weich sind.

Dann bohrt es sich instinktiv in die Bauchtasche hinein, in der sich die Milchquelle befindet. An dieser beginnt es sofort zu saugen, und dann geschieht etwas Großartiges: Der »Schnuller« schwillt so stark an, daß er das kleine Maul des Jungen ganz ausfüllt. Auf diese Weise wird das Junge unlösbar mit der Mutter verbunden. Daß es aus dem Beutel fällt, ist nun nicht mehr möglich.

Abb. 16 links:
Rotes Riesenkänguruh.

Und es kommt noch etwas hinzu: Da das Junge noch viel zuwenig entwickelt ist, um richtig saugen zu können, wird ihm die Milch von der Mutter regelrecht ins Maul gespritzt.

In dieser Weise verbringt der Säugling mindestens 5 bis 6 Monate in der Bauchtasche der Mutter. Nach dieser Zeit ist er so weit herangewachsen, daß er zum ersten Mal sein Köpfchen herausstreckt und sich die Welt ansieht. Dann dauert es auch nicht mehr lange, bis er herauskrabbelt, um den ersten Ausflug zu machen.

Noch lange, vor allem bei drohender Gefahr, sucht das Jungtier den Beutel der Mutter auf. Manchmal sogar dann noch, wenn es gar nicht mehr ganz hineinpaßt. Eilig kommt es dann angehüpft, springt kopfüber in die Tasche, dreht sich schnell um und schaut mit einer drolligen Miene heraus, als wolle es feststellen, wovor es eigentlich weggelaufen war. Ulkig sieht es auch aus, wenn die Mutter springen will, dazu das Kleine aber nach ihrer Ansicht zu weit aus dem Beutel hängt, und sie es mit ihrer Schnauze tiefer in den Beutel hineinstupst.

Ein Tier sieht mit den Ohren

Weißt du schon, daß es eine Maus gibt, die fliegen kann? Man kann sie nicht mehr oft beobachten, denn sie ist bei uns selten geworden. Früher gab es sie in manchen Gegenden in ganzen Schwärmen. Aber auch da bekam man sie nur in der Dämmerung zu Gesicht. Dann konnte man sie lautlos um Häuser und Bäume streichen sehen. Ihre Flügel bestehen nicht wie bei den Vögeln aus Federn, sondern aus einer sehr dünnen Haut, die über ihre verlängerten dünnen Fingerknochen gespannt ist. Das sieht fast wie bei einem Regenschirm aus.

Das Fliegen dieser kleinen Maus ist mehr ein Flattern. Man nennt sie deshalb auch Flattermaus, woraus heute *Fledermaus* geworden ist. Sie ist ein ausgesprochenes Nachttier. Tagsüber verkriecht sie sich in Höhlen, hohlen Bäumen und ähnlichen Verstecken. Erst wenn es dämmert, kommt sie heraus, um dann die ganze Nacht nach Nahrung zu suchen. Diese besteht in der Hauptsache aus Insekten, die sie im Fliegen fängt.

Du wirst dir nun denken können, daß einem solchen Nachttier die Augen nicht viel nützen. Daran hat sein Schöpfer natürlich auch gedacht und ihm deshalb ein Organ eingepflanzt, mit dem es im Stockfinstern mindestens ebensogut, wenn nicht sogar besser »sieht« als am Tag mit den Augen.

Dieses Organ arbeitet nach dem gleichen Prinzip wie das in der Technik verwendete *»Sonar«*, das man auch Echopeilgerät nennt. Man benutzt es beispielsweise, um Meerestiefen zu messen, ohne hinabsteigen zu müssen. Ein Sonar besteht aus einem Sender und einem Empfänger. Der Sender schickt einen starken Ton oder Knall in die Tiefe, der vom Meeresboden wie ein Echo zurückgeworfen und vom Empfänger wieder aufgenommen wird. Aus der Zeit, die der Schall für seinen Hin- und Rückweg braucht, wird die Wassertiefe berechnet.

Nach genau dem gleichen Prinzip orientiert sich auch die Fledermaus in pechschwarzer Nacht. Sie stößt während ihres Fluges fortwährend *Ultraschall-Schreie* aus. Ultraschall ist ein sehr kurzwelliger Schall, er besteht aus so hohen Tönen, daß sie unser Ohr nicht mehr hören kann.

Diese für uns unhörbaren Schreie werden von dem muskulösen

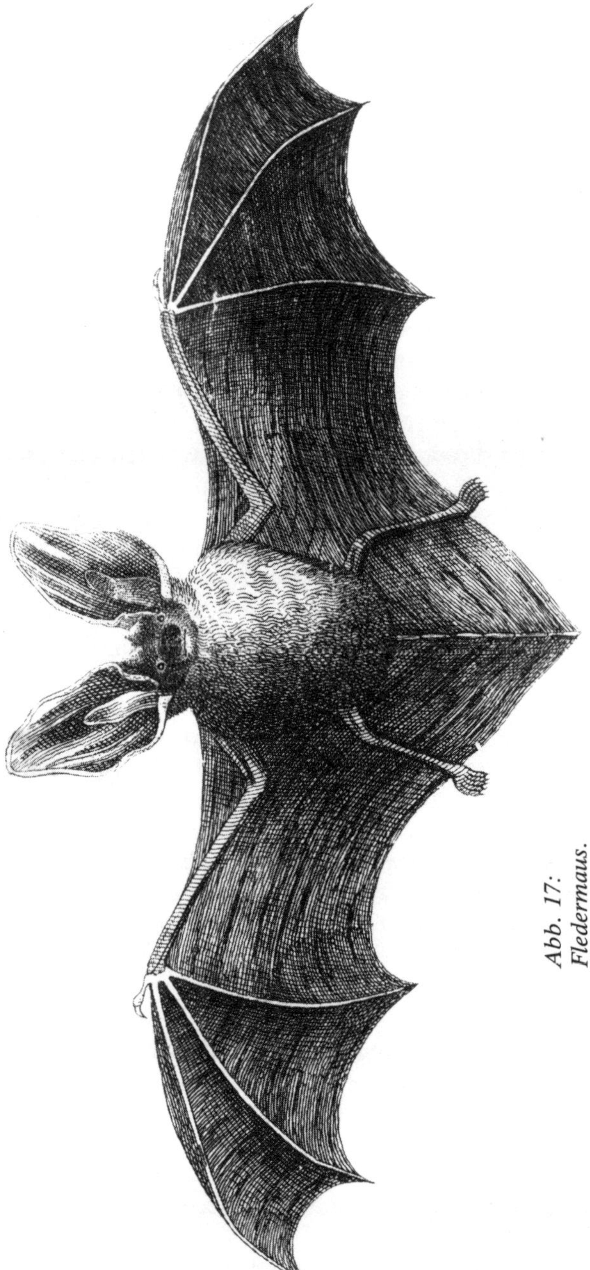

Abb. 17:
Fledermaus.

Kehlkopf des Tieres erzeugt und durch seine Nasenlöcher mit 120000 Schwingungen in der Sekunde herausgeschossen. Ist seine Flugbahn auf einen Gegenstand, wie etwa einen fliegenden Nachtfalter, gerichtet, dann werden die Schallwellen von dem Nachtfalter zurückgeworfen. Das Fledermausohr ist nun so einzigartig gebaut, daß es nicht nur den Ultraschall hören, sondern sogar den Zeitunterschied zwischen dessen Sendung und Empfang auswerten kann, um die Entfernung der Beute festzustellen. Mit anderen Worten: Die Fledermaus weiß jedesmal automatisch, wie weit der Gegenstand entfernt ist, den sie ansteuert. Sie kann also gewissermaßen mit den Ohren sehen.

Dieses großartige Organ der Fledermaus ist unwahrscheinlich empfindlich. Es erkennt schon einen Draht von 0,2 Millimeter Dicke. Wir würden am hellichten Tag mit Sicherheit gegen einen solch dünnen Draht laufen. Aber Forscher haben Fledermäuse in völlig abgedunkelten Räume fliegen lassen, in denen kreuz und quer zahlreiche solcher Drähte gespannt waren. Dabei machten sie die erstaunliche Feststellung, daß nie eins der Tiere einen der Drähte berührte. Du kannst dir also sicher vorstellen, wie leicht es dann für das Tier ist, einen so »dicken Brocken« wie einen Nachtfalter anzupeilen.

Die Fledermäuse jagen nachts aber nicht nur nach fliegenden Insekten. Fledermäuse können mit ihrem »Sonar« auch genau feststellen, was auf dem Erdboden vor sich geht. Krabbelt in der Nacht irgendwo ein Käfer im Gras, kann die Fledermaus ihn ohne Schwierigkeit orten. Dann läßt sie sich lautlos zu ihm hinabgleiten, um ihn zu verspeisen.

Die erstaunlichsten Leistungen vollbringen einige Fledermausarten, die in der Lage sind, mit Hilfe ihres Ultraschallorgans in rabenschwarzer Nacht sogar Fische zu fangen. Hier steht die menschliche Technik vor einem Rätsel, weil sie es selbst bisher noch nicht fertiggebracht hat, vom Flugzeug aus ein Unterseeboot direkt zu orten.

Aber obwohl die Ultraschallwellen von der Wasseroberfläche fast vollständig zurückgeworfen werden und nur zum tausendsten Teil ins Wasser eindringen und von einem unter der Oberfläche schwimmenden Fisch nur wieder zu einem Tausendstel reflektiert werden, vermag die Fledermaus ihr Opfer zu finden. Wir können nur staunen, wie unendlich unser großer Schöpfer selbst den genialsten menschlichen Konstrukteuren überlegen ist.

Vornehme kleine Herren

Ob wir wohl heute auch eine so wunderbar gleichmäßige Verteilung der Lebewesen über die ganze Erdoberfläche und einen so großen Artenreichtum vorfinden würden, wenn das Leben auf unserer Erde seine Entstehung und Entwicklung dem Zufall verdankte? Um das fertigzubringen, hätte dieser »Zufall« wahrlich eine schwere Aufgabe zu lösen gehabt. Bedenke nur einmal, wo wir überall in der Natur Pflanzen und Tiere antreffen. Wir finden sie in Bächen, Flüssen, Seen und Meeren, in weiten Ebenen, in Gebirgen und in der Luft. Sie bevölkern sogar die Eiswüsten, in denen ewige Kälte herrscht, und die extrem heißen und trockenen Wüstengebiete. Dabei sind alle diese Lebewesen so beschaffen, daß sie in ihrer speziellen Umwelt nicht nur existieren können, sondern sich auch wohl fühlen.

In einem großen Häuserblock wird jeder Kubikmeter Raum bestens ausgenutzt und seine Verteilung ganz genau geordnet. Jede Familie hat ihr ganz bestimmtes Stockwerk und dort eine bestimmte Wohnung. Ganz ähnlich ist es auch in der Natur. Wenn der Schöpfer die Tiere sich ihren Wohnsitz ohne vorherige Regelung selber suchen lassen hätte, wären die besten Plätze mit Sicherheit überfüllt gewesen, während andere leer geblieben wären. Deshalb hat er jedes Tier von vornherein mit unterschiedlichen Wohnungsansprüchen geschaffen. Jedes Lebewesen gedeiht dort am besten und fühlt sich dort am wohlsten, wo der Wohnplatz diesem Anspruch gerecht wird. Ein ganz besonderes Beispiel soll dir dies verdeutlichen:

Außer Vögeln in der Luft und solchen, die auf dem Wasser schwimmen, wie etwa Enten, Gänse und Schwäne, wollte der Schöpfer auch solche haben, die sowohl auf dem Land leben, als sich auch wie Fische im Wasser tummeln können. Außerdem sollten diese Vögel die unwirtlichsten Eis- und Schneeregionen um den Südpol beleben.

Du kannst dir sicher leicht vorstellen, daß Gott ein solches Tier grundsätzlich anders gestalten mußte als einen normalen Vogel. Während ein normaler Vogel, um durch die Lüfte fliegen zu können, besonders leicht gebaut sein muß, braucht ein Tauchvogel einen schweren Körper.

Warum das so ist, kannst du selbst ausprobieren. Dazu brauchst du nur einen einfachen Korken ins Wasser zu werfen. Du wirst feststellen, daß er darin nicht untergeht. Er schwimmt immer an der Oberfläche. Soll er jedoch unter Wasser bleiben, mußt du ihn dort schon festhalten. Läßt du ihn wieder los, dann schießt er sofort wieder an die Oberfläche. Ein normaler Vogel kann also höchstens wie die Enten, Gänse und Schwäne auf dem Wasser schwimmen. Um sich unter der Wasseroberfläche im Tiefen aufhalten zu können, müssen Wasservögel sehr viel Kraft aufwenden.

Natürlich möchtest du jetzt erst einmal wissen, wie der Vogel heißt, der sowohl auf dem Land umherlaufen, als auch wie ein Fisch im Wasser schwimmen kann. Es ist der *Pinguin*, der in 17 verschiedenen Arten in der Natur vorkommt. Und der, von dem ich dir jetzt einiges erzählen will, ist der Kaiserpinguin.

Die körperliche Schwere dieses außergewöhnlichen Vogels im Gegensatz zu den flugfähigen Vögeln (siehe das dritte Kapitel) kommt in der Hauptsache dadurch zustande, daß in seinem Inneren die Luftsäcke fehlen und seine Knochen nicht dünnwandig und hohl, sondern massiver und mit öligem Mark gefüllt sind. Er hat auch keine leichten und weichen Federn wie andere Vögel, sondern sie sind hornig und liegen wie Dachziegel dicht übereinander. Die Schwere seines Körpers ist auch dafür erforderlich, daß das Tier möglichst fest auf dem glatten Eis steht und nicht von den starken Stürmen in dem Gebiet um den Südpol weggeblasen wird.

Man nennt den Pinguin auch Flossentaucher, weil seine Flügel wie kräftige und biegsame Flossen erscheinen. Diese haben eine sehr kräftige Muskulatur. Wie gut dem Schöpfer die Konstruktion dieses ungewöhnlichen Vogels gelungen ist, beweist die Tatsache, daß der Pinguin bei 200 Ruderschlägen in der Minute mit 35 Stundenkilometern durch die wildeste See schießt. Man kann seine Schwimmkunst ohne weiteres mit der der Delphine vergleichen.

Merkwürdigerweise fällt die Fortpflanzungszeit der *Kaiserpinguine* in den grausigen Winter des Südpolgebiets. Ausgerechnet in dieser Zeit, in der ununterbrochene Nacht über der trostlosen Eiswüste liegt, sammeln sich die eigenartigen Vögel in unübersehbaren Scharen im Roßmeer, das tief in das Festland des Südpols einschneidet. Unter Ausnutzung der anbrandenden Wellen schießen sie mit elegantem Schwung aus dem Wasser und lassen sich auf das weit ins Meer vorspringende Eis fallen. In aufrechter Haltung watscheln sie dann landeinwärts. Dabei wirken sie wie steife, vornehme kleine Herren, die nur gut einen Meter groß sind, einen dunklen Frack und über dem prallen Bauch eine weiße Weste tragen.

Einzeln und in mehr oder weniger großen Gruppen ziehen sie dahin wie eine Menschenmenge, die zu einer Großveranstaltung strömt. Zusammen mögen es manchmal wohl 30000 und mehr sein. Man kann sie nur schätzen. Denn wer hätte wohl Lust, sie bei tosendem Schneesturm zu zählen!?

Der aufrechte Gang der Pinguine wird durch die eigenartige Form und Stellung der Füße hervorgerufen. Damit sie dabei nicht hintenüberfallen, stützen sie sich auf ihren kurzen, aber kräftigen Schwanz. Weil ihre Füße sehr kurz sind, können sie nicht frei ausschreiten. Sie müssen immer einen Fuß über den anderen setzen, wodurch ihr Körper bei jedem Schritt abwechselnd eine leichte Drehung nach rechts und links macht. Auf diese Weise kommt der drollige, unbeholfen wirkende Gang zustande.

Aber trotz der vermeintlichen Unbeholfenheit kennen die Pinguine in den Eisregionen des Südpols kaum ein Hindernis. Mühelos überwinden sic sowohl gähnende Gletscherspalten als auch steil aufsteigende Eiswände. Wo die Füße versagen, da helfen Flügel und Schnabel mit, und steile Abhänge rutschen sie einfach auf dem Bauch hinunter.

Ein appetitliches Verlobungsgeschenk

Du hast gerade gelesen, daß die Fortpflanzungszeit der *Kaiserpinguine* in den grausigen Winter ihrer südpolaren Heimat fällt. Ausgerechnet in die Zeit, wenn dort ununterbrochene Nacht herrscht und Eis- und Schneestürme daherfegen. Dann versammeln sie sich bis zu mehreren Zehntausenden an bestimmten Stellen, um Hochzeit zu feiern und für Nachwuchs zu sorgen.

Die Pinguine tun dies nicht aufgrund eigener Überlegungen, sondern aus einem inneren Drang heraus, den wir bereits als Instinkt kennen. Dieser Instinkt treibt sie zu ihren gewohnten Brutplätzen, die sich in etwas windgeschützten Tälern der Eisgebirge befinden. Hier, in dieser schaurigen Einöde, finden bei Nacht und Sturm Männchen und Weibchen zueinander.

In dieser Ansammlung von Tausenden und Abertausenden von Tieren werben die Männchen um die Weibchen. Dabei holt sich mancher Freier einen »Korb«. Das merkt er daran, daß seine Angebetete einen Fisch, den er auswürgt und ihr als Geschenk vor die Füße legt, nicht annimmt und sich von ihm abwendet. Geht sie jedoch auf seine Werbung ein, dann singt er sie an, und sie antwortet ihm. Dieser Wechselgesang der großen Tierversammlung, der aus eigenartig schnarrenden Tönen besteht, macht von weitem den Eindruck einer eifrig diskutierenden Menschenmenge.

Haben sich die Paare gefunden, dann verbringen sie eine etwa 14tägige »Verlobungszeit«, in der die Partner – wie auch bei uns Menschen üblich – sehr zärtlich zueinander sind. Danach findet endlich die Hochzeit statt, und 25 Tage später legt das Weibchen ein einzelnes *Ei*. Dieses läßt es zunächst vorsichtig auf das Eis gleiten, um es dann auf seine Pfoten zu nehmen und mit dem Hängebauch wärmend zu bedecken.

Das Erscheinen des Eis versetzt das Pärchen in einen Zustand besonderer Aufregung. Das Weibchen zieht seinen Bauch zusammen und läßt das Ei vor den Augen des Männchens abwechselnd auftauchen und wieder verschwinden. Das Männchen stimmt dabei einen Gesang an, den das Weibchen beantwortet. Die

Abb. 18:
Es kann auch vorkommen, daß das Pinguin-Männchen bei der Brautwerbung seiner Angebeteten kleine Steinchen als Geschenk anbietet.

beiden Vögel treten auf der Stelle, machen ein paar Schritte. Wenn seine Neugier den Höhepunkt erreicht hat, neigt das Männchen den Kopf und versucht, das Ei mit seinem Schnabel zu berühren. Das Weibchen spannt den Bauch, spreizt die Flügel, bewegt Kopf und Hals von oben nach unten und watschelt auf der Stelle, bis es plötzlich seine Füße öffnet und sein Ei in den Schnee rollen läßt.

Jetzt bemächtigt sich das Männchen des kostbaren Gegenstandes. Es läßt ihn zwischen seine eigenen Füße rollen, hebt ihn hoch, was ihm aber nur durch linkische Bewegungen und mit großer Mühe gelingt. Dadurch kommt das Ei zwischen die gewichtige Masse seines Unterleibes und den oberen Teil seiner Füße zu liegen.

Nun betrachtet das Männchen das Ei immer wieder voll Stolz und singt. Das majestätische Kaiserpinguin-Männchen hat sich für die Dauer der Brutzeit in eine brütende Mutter verwandelt. Mit seiner wertvollen Last wird es sich von nun an nur noch mit betonter Langsamkeit und sehr kleinen Schritten fortbewegen.

Das Weibchen weiß nun sein Ei in bester Hut, und das sogar für die ganze 52 Tage dauernde Brutzeit. Es verläßt deshalb den treu sorgenden Vater und begibt sich hinaus ins Meer zum Fischfang.

Nach dem allgemeinen Aufbruch der Weibchen schließen sich die brütenden Väter zusammen. Sie kuscheln sich nah aneinander, um sich gegenseitig vor den peitschenden Schneestürmen zu schützen. Es ist schon eine gewaltige Leistung, die diese Tiere hier vollbringen, zumal sie während der ganzen Brutzeit keinerlei Nahrung zu sich nehmen.

Wenn das Junge schließlich nach den 52 Bruttagen dem Ei entschlüpft ist, bleibt es noch drei Wochen in der väterlichen Bruttasche. Es ist nämlich zunächst so nackt und zart, daß es sonst in der Eiswüste sofort zugrunde gehen würde. Dann aber krabbelt es heraus und begibt sich sofort instinktiv zu den übrigen Pinguinkindern, die sich nach und nach alle an einer bestimmten Stelle zu einem großen Kindergarten versammeln.

Jetzt kann sich auch der stark strapazierte Vater wieder einmal nach Herzenslust zum Fischfang ins Meer begeben. Währenddessen sind die Kleinen in guter Obhut. Alle Altvögel beteiligen sich nämlich an der Beaufsichtigung und der Fütterung der Jungen. Beides ist sehr wichtig. Denn die Jungen sind noch lange in Gefahr vor räuberischen Seevögeln. Außerdem gibt es ja auf dem blanken Eis keinerlei Futter.

Bei der Fütterung stecken die Kleinen ihren Schnabel tief in den Schnabel der Eltern und Pflegeeltern. Sie saugen die Nahrung heraus, die diese zuvor hochgewürgt haben. Auf diese Weise bekommen die Jungen Futter, das bereits verdaut ist, und das sie deshalb schon im frühesten Entwicklungsalter vertragen. Das ist auch der Grund, weshalb sie so schnell wachsen und bereits nach weiteren drei Wochen der Witterung ihrer Umwelt gewachsen sind.

Ist der harte Winter vorbei, dann ziehen die Kaiserpinguine mitsamt ihren Jungen in der gleichen Geschlossenheit wieder ins Meer hinaus, wie sie vor einigen Monaten gekommen waren.

Abb. 19:
Brillenpinguin.

Fliegende Edelsteine

Wahre Prachtexemplare innerhalb der Vogelwelt sind die *Kolibris*. Ihre 300 verschiedenen Arten kommen fast ausschließlich auf dem mittel- und südamerikanischen Kontinent vor. Sie haben alle ein so herrlich buntschillerndes Gefieder, daß man sie mit Recht »fliegende Edelsteine« oder »gefiederte Schmetterlinge« nennt.

Die kleinsten Vertreter dieser Vogelart wiegen gerade so viel wie ein Blatt ganz dünnen Durchschlagpapiers, nämlich ganze 2 Gramm. Unser Buchfink hat dagegen schon ein Gewicht von 20 Gramm, also so viel, wie ein gewöhnlicher Brief wiegen darf.

Ein solch winziger Kolibri ist nicht nur ein Kunstflieger, sondern geradezu ein Luftakrobat. Er ist nämlich nicht nur in der Lage, in der Luft stillzustehen, sondern auch senkrecht auf- und niederzusteigen, ja sogar rückwärts zu fliegen. Das kann kein anderer Vogel.

All diese Kunststückchen bringt der Kolibri durch seinen sogenannten Schwirrflug fertig. Dazu schlägt er bis zu 200mal in der Sekunde mit seinen Flügeln, deren Spitzen dabei die Form einer liegenden 8 beschreiben.

Um eine so ungeheure Leistung zu vollbringen, hat er ein *Herz*, das ein Viertel seines gesamten Körpergewichts ausmacht. Es schlägt dabei rund 1000mal in der Minute. Bei demselben Verhältnis müßte das Herz eines 80 Kilogramm schweren Mannes 20 Kilogramm wiegen! Normalerweise ist es aber nur etwa 300 Gramm schwer und schlägt nur 60- bis 80mal in jeder Minute.

Die sagenhafte Beanspruchung des Kolibri-Herzens erfordert natürlich eine ungeheure Energierzufuhr. Deshalb ist das Tier auch ununterbrochen auf Nahrungssuche. Rastlos fliegt es mit einer Geschwindigkeit bis zu 70 Stundenkilometern von Blüte zu Blüte und sucht dabei 40 bis 50 Blüten in der Minute auf.

Mit seinem langen, nadelähnlichen Schnabel saugt es – in der Luft stehend – den Nektar aus den Blumenkelchen. Als eiweißrei-

Abb. 20 rechts:
Julia-Kolibri.

che Zusatznahrung dienen ihm Blütenstaub und Kleininsekten. Die allein an einem Tag von ihm aufgenommene Nährflüssigkeit entspricht dem Zwei- bis Dreifachen seines Körpergewichts.

Bei diesem enormen Nahrungsbedarf müßte der Kolobri eigentlich während der nächtlichen Futterpause verhungern, wenn der Schöpfer nicht auch daran gedacht hätte. Aber Gott hat den Kolibri so geschaffen, daß er in dieser Zeit in eine *Fastenstarre* verfällt. Durch das Absinken von Stoffwechsel und Körpertemperatur über Nacht wird er schläfrig und teilnahmslos. Bei schlechtem Wetter oder im Hochgebirge kann seine Bluttemperatur bis auf 14° Celsius zurückgehen.

Der kleinste Kolibri baut napfförmige Nestchen, die etwa so groß sind wie eine halbe Walnußschale. In diese legt er zwei erbsengroße, längliche weiße Eier. Seine Jungen sind kaum so groß wie ein Fingernagel und scheinen nur aus Schlund und hungrigem Gepiepse zu bestehen. Tatsächlich müssen sie anfangs alle 2 Minuten von der Mutter mit ausgewürgter, also vorverdauter Nahrung gefüttert werden. Nach 3 Wochen sind sie flügge.

Elektrische Fische

Abb. 21:
Zitterwels.

Eine besonders ausgefallene Idee Gottes war es, einige Fischarten mit einem Organ zur Erzeugung elektrischer Energie auszustatten. Die Elektrizität sollte ihnen helfen, sich in ihrer dunklen Umwelt zurechtzufinden, die zu ihrer Ernährung notwendigen Beutetiere zu finden und fangen und sich schließlich gegen Feinde verteidigen zu können. Diese Fische kann man in zwei Gruppen einteilen: in *Schwachstrom-* und *Starkstromfische*.

Ein typischer Schwachstromfisch ist der *Nilhecht*. Da er meist in trüben Gewässern lebt und deshalb ohnehin nicht viel sehen kann, ist er fast blind. Anstelle der Augen hat ihm der Schöpfer deshalb die Möglichkeit gegeben, sich mit Hilfe der selbsterzeugten Elektrizität in seiner Umwelt zurechtzufinden. Mit seinem elektrischen Organ erzeugt er einen Strom von 3 bis 10 Volt. Das ist schwächer, als bei einer Taschenlampenbatterie. Er ist also für uns völlig ungefährlich.

Sicher hast du schon einmal mit einem Magneten gespielt und dabei festgestellt, daß ein Magnet Eisen anzieht, selbst wenn es ein wenig entfernt ist. Der Magnet ist also in geringem Umkreis von seinen unsichtbaren magnetischen Kräften umgeben. Ganz ähnlich umgibt sich auch der Nilhecht mit einem elektrischen Kraftfeld. Um es zu erzeugen, sendet sein elektrisches Organ ununterbrochen in jeder Sekunde 300 Stromstöße aus. Diese reichen bis zu 2 Meter im Umkreis.

Für die Dichte und Gleichmäßigkeit seines Kraftfeldes hat der Fisch ein ungewöhnlich feines Gespür. Das Kraftfeld kann von den Wellenbewegungen des Wassers nicht gestört werden, wohl aber von festen Gegenständen, die in seinen Bereich kommen. Dabei merkt das Tier anhand der elektrischen Leitfähigkeit und der Art der Bewegung des Eindringlings sofort, ob es sich um etwas Lebendiges oder Totes handelt.

Die Anzahl der Stromstöße pro Sekunde ist bei jeder Art unterschiedlich. Die einen funken nur 2mal, und manche bringen es bis auf 1600 elektrische Entladungen in der Sekunde.

Einige *Tapirfische*, die in größeren Gemeinschaften leben, benutzen ihre Stromstöße gleichzeitg, um ihren Schwarm zusammenzuhalten. Einzelgänger verwenden sie auch zur Abgrenzung ihres Reviers. Kommt einem Einzelgänger ein fremder Artgenosse ins Gehege, dann gibt es zunächst ein elektrisches Funkduell. Ein Forscher hat einmal eine solche Auseinandersetzung mit einem Meßgerät aufgenommen. Die elektrischen Entladungen folgten immer schneller aufeinander, bis es schließlich zu einem Nahkampf mit Schubsen und Beißen kam.

Der bekannteste unter den Starkstromfischen ist der *Zitteraal* (s. Abbildung 23). Er ist gleichzeitig der gefährlichste unter ihnen. Er ist weder mit dem Aal verwandt, noch zittert er. Vor ihm zittert höchstens der Mensch, der ahnungslos in seinen Gewässern badet. Wenn man ihn nämlich berührt, ist es so, als ob man an eine Starkstromleitung geraten ist, von der man trotz aller verzweifelten Versuche nicht mehr loskommt.

Dieser gefürchtete Fisch vermag im Abstand von einem fünftausendstel einer Sekunde hintereinander drei bis fünf elektrische Schläge auszuteilen, die eine Spannung von 370 bis 550 Volt und eine Stromstärke bis zu 1 Ampère haben können. Manche Forscher sprechen sogar von einer Höchstspannung von 800 Volt. Das ist eine so beachtliche Leistung, daß man mit ihr 12 Glühlampen von 40 Watt gleichzeitig zum Leuchten bringen kann. Wenn du bedenkst, wie gefährlich, ja, manchmal sogar tödlich es ist, den Strom aus einer normalen Steckdose, der »nur« 220 Volt hat, zu berühren, dann kannst du dir vorstellen, was für ein gefährliches Tier der Zitteraal ist.

Abb. 22:
Zitterwels; die Schraffur gibt die Lage der elektrischen Organe an.

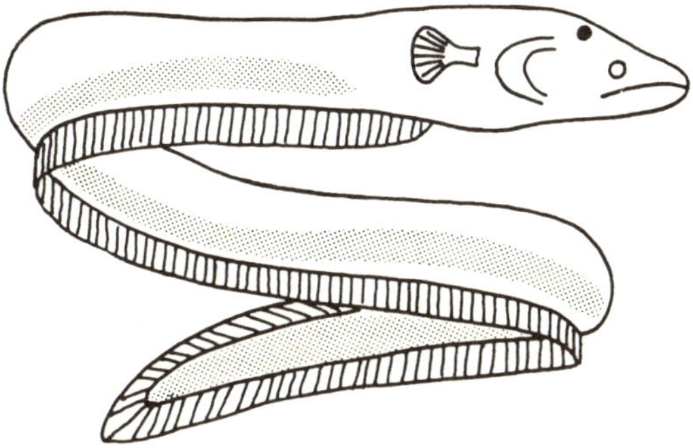

Abb. 23:
Zitteraal; die Schraffur gibt die Lage der elektrischen Organe an.

Der Zitteraal kann eine Länge von zwei bis drei Metern erreichen und ist ein gefräßiges Dämmerungs- und Nachttier.

Die Heimat des Zitteraals ist das nördliche Südamerika, wo er sich gern an dunklen und schlammigen Stellen in Bächen und Tümpeln aufhält. Er wird erst nach Einbruch der Dunkelheit rege.

Der Zitteraal hat besonders kleine Augen, von denen man vermutet, daß sie blind oder zumindest fast blind sind. Damit er aber trotzdem seine Nahrung findet, hat ihm der Schöpfer eine regelrechte Radareinrichtung eingebaut. Der Empfänger besteht aus kleinen Erhebungen am Kopf und steht mit dem elektrischen Organ in Verbindung.

Beim Umherschwimmen sendet der Zitteraal nur schwache elektrische Stromstöße von 50 Volt Spannung aus. Treffen diese auf ein Beutetier, werden sie zu ihm zurückgeworfen und von den Erhebungen am Kopf wieder aufgenommen. Auf diese Weise merkt der Fisch, wenn sich ein anderes Lebewesen in seiner Nähe befindet. Durch Aussendung erneuter schwacher Stromstöße, deren Richtung er durch Wendung des Kopfes mehrfach ändert, kann er den genauen Standort und vielleicht auch die Größe des Beutetiers ausmachen und es ansteuern. Hat er sich ihm hinreichend genähert, lähmt oder tötet er es durch einen starken elektrischen Schlag. Dann kann er es mühelos verspeisen.

Daß der Beutefang beim Zitteraal wirklich so vor sich geht, haben Versuche bestätigt, die Forscher mit ihm gemacht haben. Man hat beispielsweise die Empfangsorgane am Kopf des Fisches mit Isoliermasse abgedeckt, so daß seine Radareinrichtung ausgeschaltet war. Das Ergebnis war, daß das Tier hilflos umherschwamm und keine Beute mehr finden konnte.

Weitere Geheimnisse aus der Tiefsee

Früher hat man angenommen, in den tieferen Seen und Meeren könnten sich Lebewesen nur im hellen Teil nahe der Oberfläche aufhalten. Für Pflanzen trifft das zu. Pflanzen können ohne Licht nicht leben. Und da es in den tieferen Wasserschichten zunächst immer dämmeriger und nach 200 bis 300 Metern schließlich stockfinster wird, hört von da an jeglicher Pflanzenwuchs ganz auf. Weil sich nun viele Tiere von Pflanzen ernähren, hielt man es für selbstverständlich, daß mit den Pflanzen dort unten auch alles Tierleben zu Ende sei.

Doch als die Meeresforscher vor etwas mehr als 100 Jahren auch die größeren Meerestiefen zu erkunden begannen, war die Überraschung groß. Man entdeckte dort nämlich eine besonders vielfältige und sogar ganz ungewöhnliche Tierwelt. Zahlreiche Arten von *Fischen, Krebsen, Asseln, Polypen* und vielen anderen Tieren holte man aus der Tiefsee.

Damit gaben sich die Forscher jedoch nicht zufrieden. Wenn man Tiere genauer kennenlernen will, muß man sie in ihrer natürlichen Umwelt beobachten. Ich entsinne mich noch gut des großen Aufsehens, das der Amerikaner William Beebe erregte, als er sich 1934 in einer an einem dicken Drahtseil hängenden Stahlkugel in die finstere Tiefe hinabsinken ließ. Er erreichte damals eine Rekordtiefe von 923 Metern. Sein Buch, in dem er seine Pionierleistung bis in alle Einzelheiten beschreibt, habe ich als junger Mann begeistert gelesen.

Erst 15 Jahre später wurde dieser Rekord von dem Forscher Barton mit 1372 Metern überboten. Eine besondere Sensation gab es dann 1960, als Jacques Piccard mit einem Begleiter in einem besonders konstruierten Tiefsee-Tauchboot eine Tiefe von fast 11 Kilometern erreichte. Das geschah an einer ungewöhnlich tiefen Stelle des Stillen Ozeans.

Bei all diesen Tauchfahrten erfuhren die Forscher natürlich viel über das Tierleben in der ewigen Nacht der Meerestiefen. Zunächst fielen ihnen die unwahrscheinlich vielfältigen, oft wie Schreckgespenster wirkenden Formen dieser Wassertiere auf. Doch am meisten werden sie darüber gestaunt haben, daß viele von ihnen Leuchtorgane an ihrem Körper trugen. Dabei trugen einige ein kleines Lämpchen wie eine Fackel vor sich her. Andere hatten ganze Reihen von Lichtpunkten an den Seiten. Wieder andere stießen sogar kleine Wolken von leuchtendem Schleim in ihre Umgebung aus. Diese Lichter dienten bei den einen zum Anlocken und Erkennen von Beutetieren und bei den anderen dazu, daß sich Männchen und Weibchen überhaupt finden können.

Zu alledem hatten wohl die meisten der Fische Augen, um sich in der Dunkelheit anhand der vielen Lichter zu orientieren. Bei manchen waren diese Augen unnormal groß und bei anderen mit einem vorgesetzten Fernglas versehen.

Da es in den tiefsten Meeresgründen weder Wellen noch Strömungen, weder Tag noch Nacht, noch Temperaturveränderungen gibt, braucht die dort lebende Tierwelt nur mit solchen

Ereignissen zu rechnen, die sie selbst verursacht. Dazu gehört vor allem, daß die kleineren Tiere von den größeren gefressen werden. Doch nur wenig Tiefseebewohner ernähren sich auf diese Weise. Denn wenn das alle täten, blieben am Ende nur die paar Größten übrig. Damit das Leben dort unten aber erhalten bleibt, läßt der Schöpfer die Bewohner seines riesigen Aquariums automatisch von oben füttern. Das Futter regnet ihnen nämlich buchstäblich von oben herab. Alles, was in den oberen Regionen des Meeres abstirbt, sinkt nach unten. Deshalb brauchen die Tiefseebewohner nichts anderes zu tun, als ihr Maul weit aufzusperren. Und das tun sie dann auch ausgiebig. Es ist ihre Hauptbeschäftigung, und der Schöpfer hat sie deshalb auch ganz dafür ausgestattet.

Es gibt Fische dort unten, die beinahe nur aus Maul bestehen, das sie wie einen großen Sack umhertragen. Es gibt Polypen mit Leuchtorganen an den Enden ihrer Fangarme und Anglerfische mit Lichtködern an ihrer Angelrute. Dann findet man Asseln und Krebse, die ihre Beine und Scheren unglaublich weit von sich strecken können, um nur ja alles in weitem Umkreis fassen zu können, was von oben herunterkommt. Der Meeresboden in dieser finsteren Welt ist teilweise mit großen Tierwiesen bedeckt. Diese setzen sich aus unzähligen Einzeltieren, den sogenannten *Seerosen* zusammen, die alle ihre Fangarme nach oben strecken. Sie haben in diesem herrlichen Schlaraffenland ihr ganzes Leben nichts anderes zu tun, als zu warten, bis ihnen die Leckerbissen in die Arme fallen.

Polypen bilden weit ausladende Sträucher zu dem gleichen Zweck. *Seesterne* haben unwahrscheinlich lange Arme, um zu Nahrung zu kommen. *Seelilien*, die übrigens auch Tiere sind, öffnen ihren Blumenkelch, um so viel wie möglich abzubekommen. Manche dieser Tiere sind gespenstisch groß. Das hat für sie den Vorteil, daß sie möglichst viel von dem Nahrungsregen mitbekommen.

Müssen wir nicht immer wieder darüber staunen, wie wunderbar zweckmäßig der Schöpfer alles in seiner Schöpfung eingerichtet hat?!

Pflanzen sind ganz schön gewitzt!

In unserem Garten steht ein wunderschöner *Kirschbaum.* Vor 20 Jahren haben wir ihn gepflanzt, und er hat schon einen ganz ansehnlichen Umfang.

Wenn ich diesen Baum so beobachte und zusehe, wie er sich im Laufe eines Jahres verhält, dann bin ich sehr geneigt, ihn für einen sehr klugen Baum zu halten. Er weiß nämlich zu jeder Jahreszeit ganz genau, was er zu tun hat.

Im Winter steht er völlig kahl da. Dann besteht er nur aus *Stamm* und *Ästen.* Es scheint ihm klar zu sein, daß es im Winter keinen Zweck hat, Blätter hervorzubringen, weil diese ja bei der Kälte erfrieren würden. Sobald aber der Winter seinem Ende zugeht, muß er wohl ahnen, daß bald die wärmende Frühlingssonne scheinen wird. Denn dann treibt er schon vorsorglich kleine Blatt- und Blütenknospen hervor, die er aber wegen der Zartheit der Triebe sorgsam mit einer schützenden Hülle umgibt.

Zieht nun endlich der Frühling ins Land, dann läßt der Baum aus seinen dunklen, kahlen Ästen überall die *Knospen* aufspringen und die herrlich weißen *Blüten* hervorsprießen. Ob er das wohl tut, um uns Menschen mit dem schönen Anblick zu erfreuen? Das vielleicht auch. Aber du hast sicher schon gemerkt, daß die Blüten in dieser Zeit von Bienen und anderen Insekten umschwärmt und besucht werden.

Durch die weiße Farbe und den Duft der Blüten hat der Baum die Tiere angelockt. Er hat ihnen nämlich etwas zu bieten. Er weiß anscheinend, daß sie gern etwas Süßes naschen. Deshalb hat er in jeder der vielen Blüten, ganz tief innen, ein winziges Tröpfchen Nektar für sie bereit. Den holen die fleißigen Bienen heraus, fressen sich satt daran und sammeln darüber hinaus noch eine ganze Menge davon in ihre Honigwaben.

So ist also unser Kirschbaum nicht nur ein kluger, sondern auch noch ein sehr freundlicher Baum. Aber will er mit dem Nektar tatsächlich nur den Insekten und den Menschen eine Freude machen? O nein, so selbstlos ist unser Baum nun doch nicht! Die Tiere sollen ihm nämlich für die süße Nascherei auch einen Gefallen tun. Er erhofft sich von ihnen, daß sie ihm seine Blüten bestäuben. Seine Blüten hat er dafür so kunstgerecht gestaltet,

daß die Bienen sie beim Honigsammeln ganz ungewollt bestäuben. Er hat dazu den Zugang zum Honig so eng gemacht und die Staubgefäße so angeordnet, daß die Tiere sich selbst mit dem Staub bepudern und auf diese Weise Staub zur nächsten Blüte mitnehmen und ungewollt dort abstreifen. Wie der Kirschbaum nur auf diesen schlauen Trick gekommen ist?!

Ist dann die Blütezeit vorbei, können wir bald erkennen, daß der Baum mit seiner Methode großen Erfolg gehabt hat. Die Blütenblätter fallen ab, und da, wo sie gesessen haben, entstehen zunächst kleine grüne Kugeln, die langsam immer dicker werden. Erscheinen dem Baum die Früchte dick genug, passiert wieder etwas sehr Gescheites. Er malt sie alle wunderschön knallrot an. Warum wohl? Er weiß, daß die Vögel die süßen *Kirschen* so gern fressen, und damit sie angelockt werden und die Früchte besser finden können, hat er sie so leuchtend rot gefärbt.

Will der Baum auf diese Weise einfach den Vögeln etwas Gutes tun? Oder hat er auch hier wieder einen eigennützigen Hintergedanken dabei? Tatsächlich nimmt er auch hier wieder andere Lebewesen in seine Dienste. In diesem Fall sind es die Vögel, denen er dafür die leckere Belohnung gibt. Aber was tun die Vögel für ihn?

In den süßen roten Kirschen hat der kluge Baum den *Kern* als Samenkorn versteckt. Diesen hat er schön glatt und rundlich gemacht, damit die Tiere ihn beim Naschen der Früchte leicht mit herunterschlucken sollen. Damit die Kerne aber von den scharfen Magensäften der Vögel nicht mit verdaut werden, hat er sie mit einer steinharten Schale umgeben. So wird der Kirschkern mit dem Kot der Tiere wieder unversehrt ausgeschieden. Und auf diese Weise hat der kluge Kirschbaum erreicht, daß seine Samenkerne über das ganze Land verstreut und gleich mit einer kleinen Portion Dünger versehen in die Erde kommen. Wäre er nicht auf diese schlaue Idee gekommen, dann würden all die vielen Kerne nur um ihn herum verstreut bleiben und die zahlreichen aus ihnen heranwachsenden Kirschbäumchen sich gegenseitig behindern und schließlich ersticken.

Abb. 24:
Kirsche.

Und was haben wir von unserem schönen Kirschbaum, der in unserem Garten steht? Die Vögel sind uns beim Ernten immer zuvorgekommen. Jedes Jahr haben sie den größten Anteil frühzeitig weggeholt. Der kluge Baum wird sich darüber gefreut haben. Wir Menschen haben es ja bloß auf das süße Fleisch seiner Kirschen abgesehen und werfen die Kerne, die für den Kirschbaum am wichtigsten sind, in den Mülleimer. Die Vögel jedoch helfen ihm, daß überall im Land wieder neue Kirschbäume aufwachsen.

Als ich Susi und Uli diese Geschichte vom klugen Kirschbaum vorgelesen hatte, da meinten sie: »Hat der Baum das wirklich so fein überlegt? Der ist doch nur aus Holz und kann gar nicht denken. Das alles kann doch nur der liebe Gott so eingerichtet haben, als er den Kirschbaum geschaffen hat!«

Ein Gasthaus für Insekten

Du weißt jetzt bestimmt, daß Äpfel, Birnen, Pflaumen, Kirschen, Erdbeeren, Stachelbeeren und die vielen, vielen anderen Früchte und Beeren nur dann heranwachsen können, wenn ihre Blüten vorher bestäubt worden sind. Das gleiche gilt auch für die verschiedenen Getreidearten wie Weizen, Roggen, Gerste usw.

In der Regel geht die Bestäubung so vor sich, daß ein wenig Blütenstaub von der einen Blüte auf den Stempel einer anderen übertragen wird. Die *Staubgefäße* sind gewissermaßen der männliche Teil der Blüte und der *Stempel*, der aus *Griffel* und *Narbe* besteht, der weibliche.

Nun können die Pflanzen aber nicht umherlaufen, um ihren Blütenstaub untereinander auszutauschen. Jede ist ja fest im Boden verwurzelt und muß immer da stehen bleiben, wo sie einmal hingeraten ist. Wie kommt nun der Blütenstaub von einer Pflanze zur anderen?

Es geschieht auf so komplizierte Weise, wie sie sich nie von selbst hätte entwickeln können. Nur der allmächtige Schöpfer konnte sich etwas so Zweckmäßiges ausdenken. Er benutzt Überbringer des Blütenstaubs. Bei manchen Arten von Blüten ist es der Wind, und bei den meisten sind es die Insekten wie z. B. die Bienen. Man teilt deshalb die Pflanzen in zwei große Gruppen ein, nämlich die *Wind- und die Insektenblütler*.

Der Wind interessiert sich nicht für leuchtende Farben und lieblichen Duft. Für ihn müssen die Blütenstaubteilchen nur möglichst leicht und bequem erfaßbar sein. Zu den Windblütlern gehören zum Beispiel unsere Brotgetreide. Ihre Blüten sind aus den genannten Gründen ohne auffallende Färbung und ohne Duft. Dafür aber hängen ihre Staubblätter aus den Ähren weit heraus, so daß der Wind den Blütenstaub leicht erfassen und auf andere gleichartige Blüten stäuben kann. In der Zeit der Getreideblüte kannst du bei leichtem Wind oft eine regelrechte Wolke von Blütenstaub über das Feld wehen sehen.

Ganz anders geht dagegen die Bestäubung bei den Insektenblütlern vor sich. Ihre Farbenpracht und ihr Duft sind beides geeignete Mittel, um die Insekten anzulocken. Auch der in vielen Blüten enthaltene Nektar, den die Bienen sammeln und zu Honig verarbeiten, ist ein solches Lockmittel und dient für zahlreiche der kleinen fliegenden Insekten als Nahrung. Ist es nicht eine großartige Idee des Schöpfers, auf solche Weise beide, Pflanzen und Insekten, zu ihrem Recht kommen zu lassen?

Ein besonders schönes Beispiel für das genau aufeinander abgestimmte Zusammenspiel zwischen einer Pflanze und den sie bestäubenden Insekten ist der bekannte *Aronstab*. Seine Blüte stellt eine Art Gasthaus für Insekten dar (s. Abbildung 24).

Den oberen Teil seiner Blüte könnte man die Vorhalle nennen. In ihr steht die rotbraune Keule wie ein Pförtner. Sie ist warm wie ein Heizkörper und strömt einen besonderen Duft aus. Durch beides lockt der Aronstab kleine Fliegen und Mücken an. Aus diesem Grund hat die Blüte auch keine besondere Färbung; sie benötigt sie gar nicht. Ihr Hüllblatt ist nur hell, damit sie auch in der Dämmerung leicht zu finden ist. Die Innenwände der Vorhalle sind durch Drüsen »eingewachst« und deshalb schlüpfrig und glatt. Die Besucher sollen sich nämlich dort nicht häuslich niederlassen, sondern möglichst schnell nach unten rutschen.

Die engste Stelle des Blütenkelchs ist der Eingang zur eigentlichen Gaststube. Ein Kranz von Borsten verhindert, daß zu große Gäste hineinkommen. Da diese Borsten nach unten gerichtet sind, sorgen sie gleichzeitig dafür, daß keiner das Lokal sofort wieder verlassen kann. Daran ist aber auch keiner interessiert; denn in dem Gastzimmer ist es 14 bis 16 Grad Celsius wärmer als draußen in der maikühlen Umgebung. Die wohlige Wärme ist den Gästen angenehm, so daß sie nicht merken, daß sie in Wirklichkeit Gefangene sind. Beleuchtet wird das Gastlokal von oben und

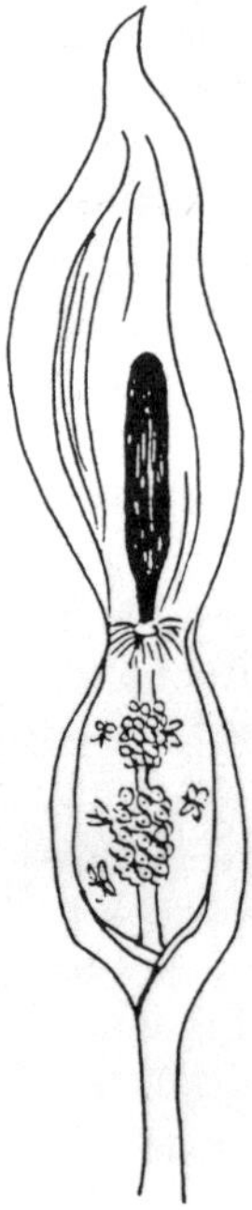

Abb. 25:
Die Blüte des Aronstabes als »Insektengasthaus«. Unterer Teil geöffnet.

durch dünne durchscheinende Stellen in der Blütenwand, die »Fenster«.

In der Wirtsstube sitzt meist eine größere Zahl kleiner Fliegen und Mücken. Sie haben unbewußt von früheren Blütenbesuchen mitgebrachten Blütenstaub auf die unten befindlichen Narben gebracht und werden von den darüberliegenden Staubgefäßen, die sie beim Herumfliegen und -krabbeln berühren, erneut mit Blütenstaub bestreut. Als Gegenleistung bringt der Fruchtknoten Nektartröpfchen hervor. Das ist das Getränk, das die Gäste fröhlich zu sich nehmen. Nach etwa eintägiger Rast sind alle zufrieden, die Besucher und auch der Wirt.

Doch nun kommt das Erstaunliche. Nach erfolgter Bestäubung welken die Borsten am Eingang der Gaststube, so daß die Gäste das Lokal verlassen und sich in einem anderen Wirtshaus weiter vergnügen können. Ihr ganzer Körper ist mit gelbem Blütenstaub bedeckt, so daß sie auch dort ihre Zeche reichlich bezahlen können.

Aber nicht nur die Borsten, sondern auch die Stauborgane und die Narben welken, und die Keule fällt ab. Dafür aber wächst jetzt aus jeder der vielen Narben eine giftig-rote *Beere* heran, mit der sich der Aronstab fortpflanzt.

Pflanzen, die springen, schleudern und anhänglich sein können

Weißt du, daß es ohne Pflanzen auch keine Tiere und Menschen auf unserer Erde geben würde? Das kommt daher, daß sie die Grundlage für unser aller Ernährung sind.

Deshalb hat unser Schöpfer auch dafür gesorgt, daß Pflanzen überall zu finden sind. In seiner Großzügigkeit hat er fast den ganzen Erdboden mit ihnen bedeckt.

Um das zu ermöglichen, bedurfte es bei seinem Schaffen genauer Überlegung und Planung. Du weißt ja: die Schwierigkeit bestand darin, daß Pflanzen nicht wie Tiere und Menschen überall umherspazieren können, um ihren Samen selbst auszustreuen. Ich möchte dir jetzt noch ein paar Beispiele geben, auf welche Arten Pflanzen ihre Samen verteilen. Zum Beispiel schießen manche Pflanzenarten ihre Samen mehr oder weniger weit in ihrem Umkreis umher, während andere Tiere, Menschen, den Wind oder das Wasser zum Transport ihrer Samenkörner bis in weiteste Fernen gebrauchen.

Die wohl bekannteste Pflanze, die ihren Samen von sich wegschleudert, ist das *Springkraut* (s. Abbildung 25). Seine länglich schotenförmige Frucht steht in reifem Zustand unter einer hohen inneren Spannung, die zur Entladung drängt. Erreicht die Spannung ihren Höhepunkt, kann die dünne Außenwand dem Druck nicht mehr standhalten. Sie platzt, und die fünf Fruchtblätter rollen sich schlagartig mit so großer Gewalt zusammen, daß die Samen mehrere Meter weit fortgeschleudert werden. Diesen Schuß kannst du an den reifen Schoten kurz vor dem Platzen durch eine leichte Berührung auslösen. Erwachsenen und Kindern macht dies immer wieder Freude. Daher hat die Pflanze im Volksmund auch ihren Namen *Rührmichnichtan* erhalten.

Abb. 26:
Zwei Früchte des Springkrauts. A: geschlossene Frucht; B: aufspringende Frucht mit weggeschossenen Samen.

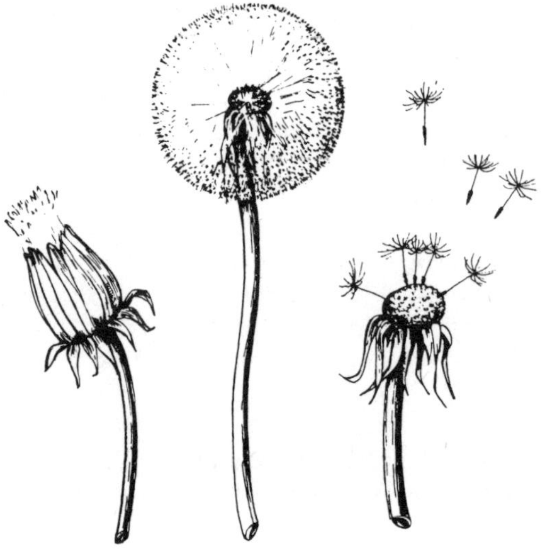

Abb. 27:
Fruchtstand des Löwenzahns. A: Samen im Schutz des Hüllkelchs; B: Pusteblume; C: reifer Fruchtstand mit wegfliegenden, an ihren Fallschirmchen hängenden Samen. Die Blätter des Hüllkelchs sind nach unten geklappt.

Ähnliche Schleudereinrichtungen besitzen auch noch andere Pflanzen wie zum Beispiel die großblütigen *Storchenschnabelarten*, manche *Lupinenarten*, der *Sauerklee* und die *Spritzgurke*. Manche von diesen schießen ihre Samen bis zu zehn Meter weit weg.

In sehr vielen Fällen hat der Schöpfer es so eingerichtet, daß Menschen und Tiere ungewollt die Samen verbreiten. Du brauchst bloß an *Äpfel, Birnen, Feigen, Johannisbeeren, Stachelbeeren, Erdbeeren, Weintrauben* und andere Früchte zu denken. Diese dienen zwar vielen Lebewesen als Nahrung, aber beim Essen werden die in ihnen verborgenen Samenkerne unbemerkt mitverschluckt. Da diese Samenkerne jedoch eine unverdauliche Hülle haben, werden sie später wieder ausgeschieden und gelangen dann mit dem Kot, also gleich mit dem Dünger versehen, irgendwo in die Erde.

Viele Tiere tragen Früchte oder Samen als Wintervorrat in ihre Höhlen oder Nester, von denen immer einige übrigbleiben und irgendwann keimen. Hamster legen z. B. größere Vorratslager an, ihr Name ist ja sprichwörtlich. Eichhörnchen vergraben Nüsse, Eicheln, Bucheckern und andere Kerne im Boden. Einige Ameisenarten bringen die verschiedensten Samenarten als Vorrat für nahrungsarme Zeiten in ihre Erdnester.

Einen interessanten Trick zur Samenverbreitung wendet die *Klette* an. Es macht kleinen und großen Kindern immer wieder Spaß, sich mit den kleinen stacheligen Früchten gegenseitig zu bewerfen, wo sie sich an den Kleidern festhaken. Die kleinen dünnen Stacheln dieser Früchte, die den Samen enthalten, sind nämlich an ihrer Spitze unmerklich nach rückwärts gebogen, so daß sie als Widerhaken wirken. Dadurch verhaken sie sich nicht nur in unseren Kleidern, sondern vor allem im Fell vorbeistreifender Tiere.

Manches Samenkorn fällt auch in vorbeifließende Bäche oder Flüsse und wird vom Wasser weit weg befördert, bis es dann, etwa bei Überschwemmungen, in die Erde gelangt.

Viele Pflanzen hat Gott auch so geschaffen, daß ihnen der Wind bei der Samenverbreitung helfen muß. Bei ihnen findest du regelrechte kleine Flugapparate mit Flügelchen oder Fallschirmchen, an denen ihre Samen hängen.

Ein besonders schönes Beispiel dafür ist der überall bei uns verbreitete *Löwenzahn* (s. Abbildung 26). Seine Fruchtstände sind die sogenannten Pusteblumen, die dir wahrscheinlich auch schon Freude gemacht haben.

Wenn ich dir jetzt etwas über ihren Aufbau und ihre Wirkungsweise erzähle, glaubst du sicher auch, daß nur ein denkender und erfindungsreicher Schöpfer sich etwas so Großartiges und Zweckmäßiges hat ausdenken können.

Zunächst ist der Fruchtstand des Löwenzahns noch geschlossen. Die vielen Samenkörner reifen im Schutz eines aus mehreren Blättchen bestehenden Hüllkelchs heran. Die Federhaare der Schirmchen schauen kurz vor der Reife als zusammengefaßtes Büschel oben heraus. Wenn nun eines Tages die Sonne warm scheint, dann klappen sich die Blätter der Hülle nach unten und geben das Bündel von Schirmchen frei. Dabei spreizen sich die Haare der Schirmchen auseinander, wodurch die Kugelform der »Pusteblume« zustande kommt. Die reifen Samenkörner sitzen dann nur noch locker in den kleinen Vertiefungen des Fruchtbodens. Streicht nun ein Wind über den Fruchtstand oder bläst du ihn an, dann wirbeln die Schirmchen eins nach dem anderen in die Luft und fliegen davon. Sind sie jedoch bis zum Abend noch nicht alle fort, dann legen sich die Haarbüschel wieder fein säuberlich zusammen, und die Blättchen des Hüllkelchs nehmen sie wieder in ihre Obhut. Am nächsten warmen Sonnentag beginnt dann das Spiel wieder von neuem.

Ein Tier, das sich verwandelt

Im Frühjahr wird alles neu – die Natur erwacht vom Tod zum Leben, und wir feiern das Osterfest, wo Jesus vom Tod auferstanden ist. Blumen und Blätter brechen hervor, und besonders die Schmetterlinge erinnern uns an das Geschehen, bei dem alles neu wird.

Die Schmetterlinge, die auch Falter genannt werden, weil sie Ihre Flügel nach oben zusammenfalten können, sind die schönsten und anmutigsten aller Insekten. Ähnlich den Blüten, aus denen sie ihre Nahrung holen, leuchten uns von ihren wundervoll geformten Flügeln die grellsten und buntestens Farben entgegen. Wie losgelöste Blütenblätter wirbeln sie im Frühlingswind durch die Luft, als wollten sie dadurch ihre große Freude über das Wunder zum Ausdruck bringen, das gerade an ihnen und der ganzen sie umgebenden Natur geschehen ist.

Aber trotz ihrer schönen Färbung hat der Schöpfer nicht vergessen, für den Schutz seiner kleinen Geschöpfe zu sorgen. Schauen wir uns daraufhin einmal einen der schönsten Falter unserer Heimat, das *Tagpfauenauge* an. Wir haben sicher schon alle dieses wunderschöne Insekt auf einem Spaziergang vor uns auf dem Boden sitzen sehen. Wenn es sich unbeobachtet glaubt, hat es seine Flügel weit ausgebreitet und bewegt sie langsam ein wenig auf und ab. Doch wenn du es näher betrachten willst, dann klappt es plötzlich die Flügel zusammen und zeigt dir nur noch ihre schwarz-braune, etwas gefleckte Unterseite. Nun ist der vorher so herrlich leuchtende Falter kaum noch von einem welken Laubblatt zu unterscheiden.

Besonders interessant ist die Schutzfärbung bei unserem *Aurorafalter*. Seine Flügel haben eine weiße Oberseite, die beim Männchen auf den Vorderflügeln noch einen orangeroten Fleck hat. Dagegen ist die Unterseite der Hinterflügel grün gefleckt und ebenso der hintere obere Rand der Vorderflügel, während ihr übriger Teil weiß ist. Wenn der Falter ruht, zieht er die Vorderflügel ganz genau so weit zwischen die Hinterflügel, daß das Weiße verdeckt ist und die grüne Spitze der Vorderflügel an das Grün der Hinterflügel anschließt. Der Schmetterling hat dann nicht nur die Farbe, sondern auch die Form eines grünen Laubblattes.

Abb. 28:
Tagpfauenauge.

Ich habe am Anfang angedeutet, daß wir die Schmetterlinge als die ersten munteren Frühlingsboten, als Sinnbilder von Ostern, wo alles neu wird, sehen können. Dies können wir in einem noch tieferen und umfassenderen Sinn bezüglich ihrer körperlichen Entwicklung tun.

Du weißt bestimmt, daß aus den Schmetterlingseiern nicht sofort fertige Schmetterlinge, sondern zunächst winzige Würmchen ausschlüpfen. Diese sind sehr gefräßig und entwickeln sich dadurch schon in wenigen Wochen zu dicken Raupen. In diesem Zustand hat das Tier gänzlich andere Formen, Farben und Lebensgewohnheiten als später, wenn es als Schmetterling durch die Lüfte flattert.

Der *Kohlweißling* heftet zum Beispiel seine *Eier* ausschließlich an die Unterseite von Kohlblättern. Er tut dies aus Instinkt zum Nutzen der später aus den Eiern herauskriechenden *Raupen*. Während der Falter sich selbst von dem Nektar der Blüten ernährt, leben seine Raupen nämlich ausschließlich von Kohlblättern. Davon weiß jeder Gartenliebhaber ein Lied zu singen.

Hat sich die Raupe des Kohlweißlings dort ordentlich fettgefressen, dann kriecht sie instinktiv an einer Mauer oder etwas Ähnlichem hoch, spinnt an der Wand eine kleine Platte fest und verankert an dieser ihr Hinterende. Dann richtet sie sich auf und schlingt noch einen Faden wie einen Gürtel um ihre Brust. Dieser hält die *Puppe*, die sich jetzt aus der Raupenhaut bildet, an der Wand fest.

Der Aufhängefaden wird von der Kohlweißlingsraupe nur einmal in ihrem Leben gesponnen. Dabei weiß sie vorher natürlich nicht, daß sie als Puppe dicker und kürzer als als Raupe sein wird. Trotzdem spinnt sie die Schlinge genau so weit, daß sie dem Umfang der Puppe entspricht.

So bleibt nun die vorher häßliche Raupe, vor der sich mancher ekelt, wie in einem winzigen Sarg den ganzen Winter über an der Mauer hängen. Doch wenn dann endlich der Frühling ins Land zieht und die immer wärmer werdende Sonne die ersten Blüten hervorlockt und das zarte Grün sprießen läßt, dann entschlüpft dem kleinen Gehäuse ein wunderschöner *Falter*. Wer den Werdegang dieses Falters nicht kennt, würde es nicht für möglich halten, daß er mit der häßlichen Raupe überhaupt etwas zu tun hat. Ein wahres Wunder der Verwandlung ist geschehen, das wir gut mit der Auferstehung aller gläubigen Christen vergleichen können, von der die Bibel spricht.

»Was in die Erde gelegt wird, ist vergänglich; aber was zum neuen Leben erweckt wird, ist unvergänglich. Was in die Erde gelegt wird, ist schwach und häßlich; aber was zum neuen Leben erweckt wird, ist stark und schön« (1. Kor 15,42–43).

Was ist der Unterschied zwischen Tieren und Menschen?

Abb. 29:
Japanmakaken.

Sicher bist du schon einmal im Zoo gewesen. Haben dir die Affen dort auch am meisten Freude gemacht? Warum eigentlich gerade die Affen, wo es im Zoo doch so viele verschiedene Tiere gibt.

Ganz bestimmt, weil sie so menschenähnlich aussehen und dabei so ulkige Späßchen machen und man manchen etwas beigebracht hat, was wir Menschen auch tun. Schimpansen sitzen manchmal sogar richtig auf Stühlchen oder Bänkchen an einem kleinen Tisch, essen von Tellern, trinken aus Tassen oder Gläsern und machen noch andere menschliche Dinge. Sie tun dies recht ungeschickt. Vielleicht hältst du sie deshalb für dumm.

Doch die Tiere sind keineswegs dumm. Ihnen fehlt nur das, was dich und mich erst zum Menschen, zu einer bewußten Persönlichkeit macht, nämlich der Geist. Dieser Geist zeigt sich darin, daß wir sprechen, schreiben, lesen und rechnen können, daß wir überhaupt denken, uns etwas überlegen, etwas vornehmen und es auch ausführen können.

Durch unseren Geist sind wir zum Beispiel in der Lage, einem anderen Menschen unsere Gedanken und Absichten mitzuteilen und umgekehrt. Das können die Tiere nicht so wie wir, weil sie keinen Geist haben. Während wir Menschen in unserem Leben von dem Denken und Wollen unseres Geistes geleitet werden, handeln die Tiere nach ihren inneren Trieben, ihren Instinkten, die du inzwischen kennengelernt hast. Diese sind ihnen angeboren und lassen sie stets grundsätzlich das Gleiche tun.

Wir Menschen bauen uns beispielsweise Häuser nach unserem Geschmack und Mitteln. Dagegen hat noch nie ein Affe versucht, sich eine andere Behausung zu bauen, als es ihm sein Instinkt vorschreibt. Er besitzt nur den Instinkt, sich in irgendeiner Baumkrone aus dünnen Zweigen und Laub ein einfaches flaches Schlafnest herzurichten. Diese Fähigkeit bringt jeder Affe mit auf die Welt. Sich eine bessere Lagerstätte auszudenken und herzustellen, das kann er nicht. Dazu ist er nicht zu dumm, sondern dazu fehlt ihm der Geist.

Was uns die Affen und andere Tiere als »Kunststückchen« vorführen, ist Dressur, das heißt, man hat es ihnen mit viel Mühe und Geduld beigebracht. Wenn du einmal einen jungen Hund bekommen hast, dann weißt du, wie schwer es ist, ihm das Pfötchengeben beizubringen. Nicht viel leichter ist es, ein junges Hündchen oder Kätzchen »stubenrein« zu bekommen.

Wie ganz anders ist es doch bei uns Menschen! Wieviel bequemer und angenehmer können wir uns doch durch unseren Geist unser Leben machen! Und wenn wir erst an die großartigen Leistungen unserer Wissenschaftler und Techniker – wie etwa den Besuch auf dem Mond – denken, dann erkennen wir erst so recht, wie groß der Abstand zwischen Mensch und Tier ist.

Und trotzdem gibt es Wissenschaftler, die versuchen, uns zu beweisen, der Mensch gehöre zu den Tieren. Er sei das höchste aller Tiere. So etwas läßt sich aber nicht beweisen.

Der Mensch ist zwar das vollkommenste Geschöpf Gottes, aber niemals sein vollkommenstes Tier. Er ist etwas ganz Besonderes, etwas Einmaliges. Die Bibel sagt sogar, Gott hat den Menschen als ein Ebenbild geschaffen.

Natürlich sind wir nur ein unendlich verkleinertes Abbild von ihm. Aber unsere Ähnlichkeit mit ihm erkennst du beispielsweise daran, daß wir auch Dinge erfinden können wie er. Trotzdem sind unsere menschlichen Schöpfungen trotz aller Großartigkeit im Vergleich zu Gottes Schöpfungen recht primitiv und unvollkommen. An den Beispielen, die ich dir beschrieben habe, hast du doch gesehen, wie vieles unsere Techniker schon dem Schöpfer nachgemacht haben, und wie weit sein Können dem unseren dennoch voraus ist.

Eine wichtige Entscheidung

Viele Menschen glauben heute nicht mehr, daß es einen lebendigen Gott gibt. Manche lehnen den Glauben an Gott aus Gleichgültigkeit ab. Andere, weil ihnen seine Gebote und Verbote lästig sind. Sie meinen, er wolle sie bevormunden, und das wollen sie nicht. Sie möchten frei sein und tun, was ihnen gefällt. Doch der Gedanke an Gott läßt sie nie ganz zur Ruhe kommen. Deshalb versuchen sie zu beweisen, daß es Gott eigentlich gar nicht gibt. Viele Wissenschaftler behaupten einfach, die Welt sei nicht erschaffen worden, sondern ganz von selbst aus dem Nichts entstanden.

Diese Menschen verschweigen die Tatsachen und glaubhaften Gründe, die für den Glauben an einen Schöpfer-Gott sprechen. Es kann dir sogar in der Schule passieren, daß du ausgelacht wirst, wenn du davon sprichst. Es gibt auch Lehrer, die nicht an einen Schöpfer-Gott glauben. Daher ist es möglich, daß du in der Schule niemals etwas von Gott, dem Schöpfer des Himmels und der Erde, hörst.

Gott hat uns seine Gebote gegeben, um uns zu schützen und seine Schöpfung zu erhalten. Wer jedoch nicht an Gott glaubt, der hält auch seine Gebote nicht. Dadurch gibt es soviel Kummer und Leid in der Welt: Die Menschen hassen einander, sie lügen, stehlen, streiten, neiden, morden, terrorisieren. Das Ende ist oft Krieg zwischen den Völkern. Du kennst die Nachrichten, die täglich über Radio, Fernsehen und Zeitungen zu uns ins Haus kommen.

Gott will, daß die Menschen in Frieden zusammenleben, einander achten und lieben. Er hat die Menschen beauftragt, seine Schöpfung, die Natur und die Tiere zu verwalten und zu erhalten. Das kann aber nur gelingen, wenn du und ich, jeder einzelne Mensch, auf Gottes Gebote hört und ihnen gehorcht. Nur dann wird es uns und der Schöpfung gutgehen.

Wenn du dieses Buch gelesen hast, kannst du erkennen, daß es einen Gott gibt, der diese Welt erschaffen hat.

Das beste Buch der Welt

Es gibt viele Millionen Bücher auf der Welt, und jedes Jahr kommen neue hinzu. Sicher kennst du auch das »Buch der Bücher«, die Bibel. Die Bibel ist Gottes Wort, der Brief Gottes an uns Menschen. Dieser Brief ist zwar von Menschen geschrieben worden, aber er enthält alles, was Gott uns Menschen sagen will. Wir erfahren aus der Bibel, wie Gott, unser Schöpfer, über uns Menschen denkt. Wir erfahren, wie groß seine Liebe zu uns ist, und wie wunderbar er unser Leben geplant hat. Er hat jedes Wort den Schreibern, Männern Gottes, durch seinen Heiligen Geist eingegeben. Gott hat es so gefügt, daß all die einzelnen Aufzeichnungen der Gottesmänner gesammelt und schließlich im Laufe der Zeit zum Buch der Bibel zusammengefaßt worden sind. Das hat über 1000 Jahre gedauert. Heute ist die Bibel schon fast 2000 Jahre alt.

Die Bibel beantwortet uns Fragen, auf die uns sonst kein Mensch eine Antwort geben kann. So erklärt sie uns zum Beispiel, wie all das Leid, die Not, die Krankheiten und die vielen Unglükke, ja, wie das Böse überhaupt in unsere Welt gekommen ist.

Die wichtigste Nachricht der Bibel ist diese: Gott liebt dich und mich. Obwohl wir nicht auf Gottes Wort gehört haben, obwohl wir uns nicht um Gott gekümmert haben, hat Gott einen Weg gefunden, uns seine Liebe zu beweisen. Das will ich dir im nächsten Kapitel ganz genau erklären.

Die Bibel beginnt mit dem Bericht, wie Gott am Anfang Himmel und Erde durch sein bloßes Wort »Es werde« geschaffen hat. Dabei war alles Geschaffene – auch die zwei ersten Menschen – »sehr gut«. Das Böse gab es damals überhaupt noch nicht. Auch keine Krankheit, kein Unglück, kein Leid. Die beiden ersten Menschen lebten mit Gott froh und glücklich in einem herrlichen Paradies. Gott liebte seine Menschen, und sie liebten ihn und taten alles gern, was er ihnen sagte.

Gott hatte den ersten Menschen, Adam und Eva, nur ein Verbot gegeben: Von den Früchten eines Baumes im Garten durften sie nicht essen. Gott sagte ihnen auch warum: Wenn sie von diesem Baum essen würden, müßten sie sterben. Aus Liebe zu Gott war es Adam und Eva selbstverständlich, zu gehorchen.

Aber da schlich sich plötzlich Satan in Gestalt einer Schlange an sie heran und verführte sie durch eine Lüge zum Ungehorsam. Satan war selbst durch Ungehorsam zu Gottes Feind geworden. Er war einmal ein hoher, großer und guter Engel, ein Engelfürst, der von Gott als Verwalter über die ganze Erde eingesetzt war. Gott, seinem Herrn, war er treu ergeben. Aber durch seine hohe Stellung und Macht wurde er eines Tages hochmütig und wollte selbst Gott sein. Von da an tat er nicht mehr, was Gott wollte. Er arbeitete gegen Gott und hatte nur ein Ziel: Gottes gute Schöpfung zu zerstören. Vor allem bemühte er sich, die Menschen von ihrem Schöpfer wegzulocken und ihnen zu schaden.

Als Eva nun einmal vor dem verbotenen Baum stand, flüsterte Satan ihr leise zu: »Es ist gar nicht wahr, was Gott gesagt hat. Wenn ihr von dem Baum eßt, werdet ihr nicht sterben, sondern ihr werdet dann wie Gott sein. Das will Gott verhindern. Deshalb hat er euch verboten, von den Früchten dieses Baums zu essen. Dabei sind gerade diese Früchte schöner und schmecken besser als alle anderen.«

Da konnte Eva der Versuchung nicht widerstehen. Sie glaubte dem Satan und aß von den Früchten und gab auch ihrem Mann davon.

Nun waren die beiden unrettbar verloren. Gott mußte sie aus dem schönen Paradies hinausweisen und mit dem Tod bestrafen. Hätte er das nämlich nicht getan, dann hätte er ihnen mit seiner Warnung nicht die Wahrheit gesagt.

Vielleicht wunderst du dich, daß die beiden nach ihrem Ungehorsam nicht gleich tot umgefallen sind. Aber Gott wollte ihnen noch eine bestimmte Lebenszeit geben, damit sie Gelegenheit hätten, sich bei ihm zu entschuldigen. Er hatte in seiner großen Weisheit und Liebe schon ihre Rettung beschlossen. Als er sie nach ihrem Ungehorsam in Gegenwart Satans zur Rede stellte, versprach er ihnen die Sendung eines Retters.

Der Retter

Bei Satan waren Hochmut und Haß gegen seinen Schöpfer unmittelbar in seinem Herzen entstanden. Seine frühere Treue zu Gott war verschwunden und hatte dem Bösen Platz gemacht. Damit war das bis dahin unbekannte Böse geboren. Satan ist seitdem der Vater der Lüge und alles Bösen in dieser Welt.

Gott ist dagegen das genaue Gegenteil. Er ist ganz und gar gut. Er ist die absolute Liebe. Liebe ist der Gegensatz zu Haß. Liebe und Haß können in einem Geist nicht nebeneinander bestehen. Man kann ja unmöglich lieben und gleichzeitig hassen. Deshalb mußte Gott auch Satan sofort nach seinem Ungehorsam für ewig von sich stoßen.

Die Bibel sagt uns, daß die ersten Menschen unmittelbar nach ihrer Erschaffung »sehr gut« waren. Gott selbst hatte das gesagt. Im Paradies hatten sie niemals die Absicht, ihrem geliebten Schöpfer ungehorsam zu werden. Allein wären sie sicher nicht auf solch einen bösen Gedanken gekommen. Satan verführte sie dazu. Ihre Schuld bestand darin, daß sie dem Verführer mehr glaubten und vertrauten als Gott.

Eva war auf die Lügen Satans hereingefallen. Dadurch hatte sie sich in ihrer Gutgläubigkeit von dem Bösen wie von einer heimtückischen Krankheit anstecken lassen. Diese Krankheit mußte unweigerlich zum Tode führen. Mit diesem Tod ist zunächst einmal das Sterben am Ende unseres irdischen Lebens gemeint. Gleichzeitig bedeutet dieser Tod aber auch das ewige Getrenntsein von Gott. Die Bibel nennt die Trennung des Menschen von Gott »Sünde«. Diese Trennung ist viel schlimmer als unser natürliches Sterben. Deshalb nennt man sie den »ewigen Tod«.

Noch im Paradies hatte Eva ihren Mann mit der tödlichen Krankheit Sünde dadurch angesteckt, daß sie auch ihm von der verbotenen Frucht gab und Adam sie aß. Damit war er genauso dem ewigen Tod verfallen.

Manche Menschen glauben nicht, daß die Geschichte vom Ungehorsam der ersten Menschen wahr ist. Sie halten sie für erfunden. Aber weißt du, woran du erkennen kannst, daß sie der Wahrheit entspricht? Noch heute leiden alle Menschen an der tödlichen Krankheit Sünde. Sie vererbt sich nämlich, und dadurch hat man sie schon in sich, wenn man auf die Welt kommt. Diese Krankheit ist deshalb so schlimm, weil kein Mensch ein Heilmittel gegen sie hat.

Wie sich diese Krankheit, das Böse, im Zusammenleben der Menschen äußert, weißt du ja. Vielleicht denkst du dabei an all das Unrecht, das in der Welt geschieht: an die schrecklichen Kriege und Verbrechen, von denen du in der Zeitung, im Radio und im Fernsehen erfährst. Aber haben wir beide, du und ich, das Böse nicht auch in uns? Wenn wir nämlich nur gut wären, müßten wir doch die friedlichsten und freundlichsten Menschen sein. Aber sind wir das? Bist du zum Beispiel immer höflich, freundlich und hilfsbereit anderen Menschen gegenüber? Denke dabei nur einmal an deine Eltern und Geschwister, an deine Schul- und Sportkameraden! Mir geht es nicht besser als dir. Auch ich merke täglich, daß das Böse in meinem Herzen mein Handeln bestimmen will. Wie können wir das verhindern? Darauf kann ich dir eine gute Antwort geben: Gott hat gegen das Böse und das ewige Getrenntsein von ihm ein ganz sicher wirkendes Heilmittel gefunden. Im vorigen Kapitel habe ich dir diese gute Nachricht ja schon angekündigt. Das Heilmittel ist Gottes Sohn, Jesus Christus.

Er ist als Mensch in diese Welt gekommen. Er hat gelebt wie die Menschen zu seiner Zeit vor rund 2000 Jahren. Aber einen entscheidenden Unterschied gab es doch zwischen den Menschen und Jesus Christus: Er war ohne Sünde, er dachte und tat niemals etwas Böses.

Gott sagt in seinem Wort, daß Sünde bestraft werden muß. Wer sich gegen Gott stellt, hat die Todesstrafe verdient. Das mußten auch Adam und Eva erfahren. Aber Gott hat die Menschen in seiner Liebe begnadigt, freigesprochen, das heißt, die Schuld getilgt.

Wie er das gemacht hat? Er hat seinen Sohn Jesus Christus für alle Menschen, auch für dich und für mich, am Kreuz sterben lassen. Warum am Kreuz? Das war die Todesart von Verbrechern in der damaligen Zeit. Jesus Christus, Gottes Sohn, litt und starb für dich und mich, für deine und meine Schuld. Er selbst hatte keine Schuld. Er selbst war ohne Sünde.

Obwohl der Mensch sich von Gott losgesagt hat, hat Gott ihn immer geliebt. Diese Liebe dürfen wir annehmen und wieder mit Gott in Gemeinschaft leben, wie Adam und Eva im Paradies mit Gott zusammenlebten. Wir müssen nicht mehr das Böse tun, das in uns ist. Jesus hat uns erlöst davon. Er starb am Kreuz, wurde begraben und ist am dritten Tag wieder zum Leben erweckt worden von Gott, seinem Vater. Viele Menschen haben ihn danach gesehen und bezeugen das. Du kannst es in der Bibel in der Apostelgeschichte nachlesen. In Anwesenheit seiner engsten Freunde hat Gott seinen Sohn einige Wochen später zu sich in den Himmel geholt. Dort hat er ihn mit höchsten Ehren empfangen und ihm alle Macht im Himmel und auf der Erde verliehen.

Wir, die wir Gottes Erlösungsplan aus der Bibel kennen, stehen vor der wichtigsten Entscheidung unseres Lebens. Entweder verhalten wir uns gleichgültig und kümmern uns nicht um Gott und sein Angebot der Errettung, oder wir nehmen es dankbar an. Entweder bleiben wir für immer von Gott getrennt, in unserem Leben und auch nach unserem Tod, oder wir nehmen sein Angebot an und leben für immer in der Gemeinschaft mit Gott. Das gilt für unser Leben auf dieser Erde und auch für das Leben nach unserem Tod.

Dieses Leben in der Gemeinschaft mit Gott kann für dich heute beginnen. Gott sagt in seinem Wort im Johannesevangelium Kapitel 3, Vers 16: »So sehr hat Gott die Welt geliebt, daß er seinen eingeborenen Sohn gab, damit alle, die an ihn glauben, nicht verloren werden, sondern das ewige Leben haben.«

»Ewiges Leben haben« heißt, in Gemeinschaft mit Gott zu leben. Diese Gemeinschaft mit Gott beginnt, wenn du

... dem Wort der Bibel glaubst,
... Gott um Vergebung bittest, weil du ihm nicht gehorcht hast,
... Gott dankst für seine Erlösung durch Jesus Christus am Kreuz,
... Jesus Christus bittest, Herr deines Lebens zu sein.

Du könntest es im Gebet mit folgenden Worten tun:

Lieber Gott, ich weiß, daß ich in meinem Leben vieles getan habe, wofür du mich eigentlich bestrafen müßtest. Ich habe nicht an dich geglaubt und nicht auf dein Wort gehört. Damit habe ich dich beleidigt. Das tut mir leid. Bitte vergib mir meinen Unglauben und meine Schuld. Danke, Herr Jesus, daß du für meine Schuld am Kreuz gestorben bist. Vater im Himmel, ich möchte dein Kind sein. Ich danke dir herzlich dafür, daß du mich so lieb hast.«

Wenn du so oder ähnlich gebetet und es dabei ehrlich gemeint hast, kannst du sicher sein, daß dein Verhältnis zu dem allmächtigen Gott vollkommen in Ordnung ist. Du brauchst dann kein schlechtes Gewissen mehr zu haben wegen all des Bösen, das du in deinem Leben getan hast. Du brauchst dabei keine besonderen Gefühle zu haben. Gottes Wort gibt dir die volle Garantie, daß du von Gott angenommen bist. Es sagt zum Beispiel im Johannesevangelium Kapitel 3, Vers 36: »Wer an den Sohn glaubt, der hat das ewige Leben.« Im Johannesevangelium Kapitel 1, Vers 12 sagt Gott: »Wie viele ihn (Jesus) aber aufnahmen, denen gab er Macht, Gottes Kinder zu werden, denen, die an seinen Namen glauben.«

Der letzte Vers bestätigt dir gleichzeitig, daß du jetzt ein Kind Gottes bist, des Gottes, der Himmel und Erde gemacht hat. Das ist viel mehr, als wenn du das Kind eines Königs wärst. Es ist nur natürlich, daß du dich jetzt auch so verhältst, daß du als Königskind erkannt wirst. Du wirst auf das Wort deines himmlischen Vaters hören. Und weil du weißt, daß er es gut mit dir meint, wirst du ihm gern gehorchen. Dann wird Gott Freude an dir haben. Er wird dir zuhören, wenn du mit ihm über deine ganz persönlichen Nöte redest. Er wird dir antworten und helfen, wenn du ihn darum bittest.

Nun weiß ich aus eigener schmerzlicher Erfahrung, daß unser Bemühen, nicht mehr zu sündigen, uns nicht immer gelingt. So wie damals im Paradies schleicht sich Satan auch heute noch an uns heran und versucht, uns zum Bösen zu verführen. Wenn wir nicht wachsam sind, fallen wir auf seine Verlockungen herein. Was war in einer solchen Situation tun sollen, sagt uns Gottes Wort im ersten Brief des Johannes, Kapitel 1, Verse 8 und 9:

»Wenn wir sagen, wir haben keine Sünde, dann betrügen wir uns selbst, und die Wahrheit ist nicht in uns. Wenn wir aber (Jesus) unsere Sünden bekennen, so ist er treu und gerecht, daß er uns die Sünden vergibt und reinigt uns von aller Ungerechtigkeit.«

Wenn du diesen biblischen Ratschlag annimmst, kannst du mit einem guten Gewissen leben. Gott vergibt dir gern, wenn du dein Unrecht einsiehst und ihm sagst, daß es dir leid tut.

Jesus Christus will dein bester und treuester Freund sein. Er läßt dich nie im Stich. Jesus vergleicht sich mit einem Hirten, der seine Schafe nicht aus den Augen läßt. Und die Schafe hören nur auf seine Stimme, weil er allein sie vor Schaden bewahren kann. Genauso will Jesus für dich sorgen. Er hat gesagt:

»Meine Schafe hören meine Stimme, und ich kenne sie, und sie folgen mir, und ich gebe ihnen das ewige Leben, und sie werden nimmermehr umkommen, und niemand wird sie aus meiner Hand reißen.« (Johannes 10, Verse 27 und 28)

Register

Zeichenerklärung:

Zahlen, die halbfett gesetzt sind (z. B. **84**), deuten auf eine Abbildung hin.
Zahlen, die kursiv gesetzt sind (z. B. *42 ff.*), deuten auf einen längeren Abschnitt hin.

Bildnachweis

Die Vorlagen für die Abbildungen wurden von den nachstehenden Agenturen zur Verfügung gestellt:

Abb. 3, 9, 16, 19 und 29: WEST Agentur

Abb. 4: Skelett einer Taube mit Umriß des Federkleids aus:
Muschalek: Der Christ und die Schöpfung.
Morus-Verlag, Berlin

Abb. 5, 12: Zeichnung: Betty Kothe-Marxmeier

Abb. 7: © Bertelsmann Lexikothek Verlag, Gütersloh

Abb. 11: Aus: Everest »Verborgene Schätze«
© R. Brockhaus-Verlag, Wuppertal, 1958

Abb. 15: Aus: Karl von Frisch: Tiere als Baumeister
© Copyright 1974 by Turid Hölldobler.
Reproduced from ANIMAL ARCHITECTURE by Karl von Frisch by permission of Harcourt Brace Jovanovich Inc.

Abb. 17, 24 und 28: Anthony-Verlag, 8130 Starnberg am See

Abb. 20: Okapia – Frankfurt

Abb. 21, 22 und 23: Aus: »Wolfgang Schwoerbel, Zwischen Wolken und Tiefsee«
Ravensburger Buchverlag Otto Maier GmbH

Der Hänssler-Verlag dankt dem Zoologischen Garten »Wilhelma« in Stuttgart für die freundliche Aufnahmeerlaubnis bei den Abbildungen 9, 16, 19 und 29.

Leseprobe aus: Silke bleibt im Sattel

In den letzten Wochen bis zum Ferienbeginn schien Silke wie verwandelt. Jede Arbeit, die sie an das Reitlager erinnerte, führte sie in geheimnisvoller Vorfreude aus. Zwar hatte sie Camillo erst einmal gesehen, und das nicht für sehr lange, aber sie konnte den Gedanken an ihn nicht mehr loswerden. Der Abschied an jenem Tag war so jäh und unromantisch gewesen. Als sie nach ihrem Ausritt den Wiesengrund wieder erreicht hatten, wartete Camillos Vater bereits im Auto, so daß der Junge gleich gehen mußte, während Silke noch die beiden Pferde zu versorgen hatte. Nicht einmal richtig auf Wiedersehen konnten sie sich sagen, da Herr Randolph bereits ungeduldig hupte. Für Silke hatte sich jedoch die Welt verändert. Mit viel Liebe pflegte sie die Pferde, vor allem auch Miranda, die sie bisher nur gehaßt hatte. Wenn sie dem grauen Pferd in die sanften Augen schaute, sah sie Camillo vor sich, den rätselhaften Jungen, in dem so viel Unerwartetes steckte.

All ihre Versuche, ihn auszufragen, hatten zu keiner befriedigenden Antwort geführt. Sie hatte nur erfahren, daß Camillo in einer seltsam gebauten, altertümlichen Villa in der Mozartallee in Ketterach wohnte und daß das Haus mit zwei Konzertflügeln und schalldichten Türen ausgestattet war. Über seine Familie hatte Camillo nicht viel erzählt. Die einzigen lebenden Wesen, die er erwähnte, waren sein Vater, eine Haushälterin und der graue Perserkater Amadeus, der so gerne über die Tasten des Flügels lief. Alles übrige konnte sie sich in ihrer Phantasie ausmalen, wie es ihr gefiel. Um noch mehr mit ihm gemeinsam zu haben, fuhr Silke gleich am nächsten Tag mit dem Fahrrad nach Moordorf und kaufte sich eine kleine Bibel, die sie wie einen geheimen Schatz in ihrem Nachttisch verbarg.

Die Veränderungen an Silke waren auch ihren Geschwistern aufgefallen. »Also mich könnte selbst der bestaussehende

Junge nicht dazu bringen, stundenlang Klavier zu spielen!« meinte Susi, als sie Silke wieder einmal an dem sie bisher nur mittelmäßig interessierenden Tasteninstrument ertappte. Silke ließ sich von Susis Rede aber nicht beeindrucken. Ob sie nun Mozart, Beethoven, Bach oder Chopin spielte, immer fühlte sie sich mit Camillo verbunden.

Endlich brach der langersehnte Tag an. Gleich als erster Gast kam Heidi auf ihrem Tristan angeritten. Ihr ganzes Gepäck hatte sie in einem Rucksack verstaut. Fröhlich winkte sie den beiden Müllers zu. »Hallo Silke! Tristan und ich konnten gar nicht mehr länger warten, und so sind wir einfach losgezogen!« Silke half ihrer Freundin beim Absatteln und zeigte ihr die Box, in der das Pferd untergebracht werden sollte. Als die beiden vom Stall zurückkehrten, um Heidis Gepäck noch zu verstauen, fuhr auch schon ein rotes Auto in den Hof, das eindeutig Sorrys Eltern gehörte.

»Herrlich, wieder im Lager zu sein!« jubelte Sorry und griff nach ihrem Koffer. »Gleich nachdem ich gestern meinen Eltern das Zeugnis in die Hand gedrückt hatte, zog ich mir die Reithosen an und habe darin aus lauter Vorfreude sogar übernachtet!« Silke und Heidi lachten sich fast kaputt.

Plötzlich fuhr der nächste Wagen in den Hof ein,wobei es Silke fast die Sprache verschlug. Eine große, teure Limousine zog einen riesigen Hänger, der sicherlich auch nicht gerade der billigste gewesen war. Ein modisch gekleideter Junge verließ den Wagen. Neugierig gesellte sich Silke zu ihm. »Hallo! Willkommen im Reitlager Wiesengrund!« »Guten Tag!« Der gutaussehende Junge gab Silke die Hand. »Ich heiße Jan Wilster! Du bist doch sicher die charmante Tochter von Anton Müller!« Silke grinste verlegen, da sie derartige Schmeicheleien nicht gewohnt war. »Ja, ich bin Silke! Kommst du aus Ketterach?« »Klar, Ketterach ist doch ›Wilster-City‹! Mein Vater ist dort Oberbürgermeister!« Jan lächelte Silke vielsagend an. »Hast du noch nie etwas von meinem berühmten Pferd gehört? Helios von Herakles wird euren Stall mächtig verschönern!« »Helios von Herakles?« Silke stürzte zu dem Hänger.

Bärbel Raichle

Silke bleibt im Sattel

Silke kann es kaum erwarten. In wenigen Tagen soll das Reitlager beginnen. Auch Camillo soll dabei sein. Aber nicht alles läuft so, wie Silke es sich gedacht hat. Dafür erlebt sie einige andere abenteuerliche Überraschungen . . .
Pb., 128 S., Nr. 56.113, DM 12,80
ISBN 3-7751-1165-4

Bärbel Raichle

Silke setzt sich ein

Der zweite Band vom Reiterhof Wiesengrund mit Silke und ihren Freunden.
Diesmal gibt es viel zu tun für Silke und die »Lebendigen Steine« – in der SMV, im Schülerbibelkreis, für einige Mitschüler, für die Umwelt.
Pb., 128 S., Nr. 56.116, DM 12,80
ISBN 3-7751-1209-X

Bärbel Raichle

Silke verliebt sich

Auch in diesem Band steht Silke wieder im Brennpunkt der Ereignisse. Sollte Herr Bäder, der neue Reitlehrer, die Leitung des Reitlagers im Sommer an ihrer Stelle übernehmen, so würde sich ihr großer Traum erfüllen: Sie könnte auf dem Birkenhof mitarbeiten – dort wo auch Chris ist . . .
Pb., 128 S., Nr. 56.119, DM 12,80
ISBN 3-7751-1365-7

Bitte fragen Sie in Ihrer Buchhandlung nach diesen Büchern!
Oder schreiben Sie an den Hänssler-Verlag, Postfach 12 20,
D-7303 Neuhausen-Stuttgart